on Internationale des Juristes Populaires

EMMANUEL LÉVY

La Vision Socialiste du Droit

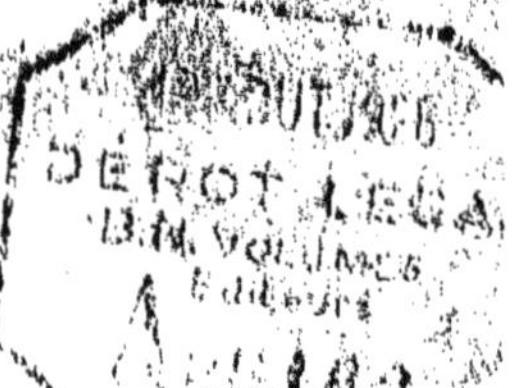

MARCEL GIARD
LIBRAIRE-ÉDITEUR
16, RUE SOUFFLOT ET 12, RUE TOULLIER
PARIS (5ᵉ)

1926

La Vision Socialiste
du Droit

Collection Internationale des Juristes Populaires

III

EMMANUEL LÉVY

La Vision Socialiste du Droit

MARCEL GIARD
LIBRAIRE-ÉDITEUR
16, RUE SOUFFLOT ET 12, RUE TOULLIER
PARIS (5ᵉ)

1926

PRÉFACE

L'auteur de ce livre est l'une des figures les plus spontanément originales qui se détachent à l'heure présente sur l'écran de la science juridique française. Plusieurs de nos collègues des universités, Charles Andler, Paul Huvelin, Georges Davy, d'autres encore, se sont exercés à fixer sa silhouette sur le papier. Aucun d'eux n'y a aussi franchement réussi qu'un homme politique qui le connut fort intimement à l'époque de ses débuts dans la carrière scientifique et que l'habitude de voir défiler les figurations les plus changeantes, au cours de ses passages à la direction des ministères les plus variés, a sans doute entraîné à deviner sous les masques officiels les traits intimes des physionomies qu'ils recouvrent. Evoquant, dans *L'entrée au forum*, les dernières années de sa vie d'étudiant parisien et notant à cette occasion l'influence exercée sur la formation de sa pensée par ceux des aînés d'entre ses condisciples qui furent les éveilleurs de conscience de sa génération, M. de Monzie trace d'Emmanuel Lévy, « esprit d'une rare contention dont il a subi le prestige hautain », un portrait d'une saisissante exactitude de touche et qui, pour être établi à la lumière de souvenirs vieux de près d'une trentaine d'années, n'en reste pas moins criant de vérité.

« Emmanuel Lévy, écrit-il, était un grand diable maigre, dont les bronches étaient détestables ; son apparence, comme celle de Briand à la même époque, fournissait un sujet trompeur d'apitoiement. De fait, il avait conquis âprement son titre de lauréat des facultés de droit ; il devait plus rudement encore besogner pour se faire admettre agrégé par des jurys dont il heurtait les habitudes chères de système. Agrégé, le ministère de l'Instruction publique le force à débuter à Alger où Max Régis dirigea contre lui les premières colonnes de l'assaut anti-juif. Il est à Lyon depuis une quinzaine d'années, ajoutant aux fatigues de son enseignement la charge d'une propagande politique et de la vie municipale. Il n'a pas justifié nos craintes affectueuses, mais pas davantage nos espérances ambitieuses.

« Est-ce que la province, une fois de plus, a confisqué une originalité ? Emmanuel Lévy s'est-il lassé de noter et de publier ses trouvailles d'inventeur intellectuel ? Pour expliquer qu'il ne soit pas illustre, je suis prêt à admettre toutes les hypothèses, sauf une : je n'admettrais jamais que nous étions abusés, comme l'auraient été Charles Andler et Georges Sorel, quand nous nous plaisions à saluer dans cet étudiant d'agrégation, un continuateur possible de Ferdinand Lassalle.

Sa thèse de doctorat, soutenue devant M. Massigli, en 1896, était disgracieusement intitulée : *Preuve par titre du droit de propriété immobilière*. Le problème auquel elle était consacrée présentait un intérêt pratique des plus restreints. Mais la dissertation d'école sur les données de la jurisprudence était un prétexte. Emmanuel Lévy avait déjà fixé le plan des recherches auxquelles il avait décidé de se livrer,

pour vérifier ou confirmer le principe qui est sien,
qui restera sien : « La croyance crée le droit. »

« Cette relativité du droit avait été proclamée
par Lassallo dans sa *Théorie systématique des
droits acquis*. Mais le « penseur et combattant »
n'avait pas eu le loisir de suivre en ses conséquences ultimes le développement de ce con-
cept. Il n'avait pas aperçu que les droits, créés
par la croyance, sont susceptibles d'être abolis
par la disparition de cette croyance. Et c'est
cela qu'au temps où nous cheminions avec lui
vers sa rue Claude-Bernard, notre aîné nous dé-
montrait à petites phrases nettes, dans cette
forme à la Spinoza qu'il donnait à son style pro-
fessoral. Le droit de propriété moderne est d'ordre
et d'essence fiduciaires. Il est incontestable
tant qu'il est couvert par la croyance sociale.

« Mais l'ouvrier qui, seul, ne pouvait contre-
dire au *consensus omnium*, s'est uni à ses pairs,
à ses pareils. Il a suscité des syndicats qui ont
passé des contrats collectifs par quoi la classe
ouvrière s'est muée en créancière. La créance
patronale et la créance ouvrière, dès lors,
viennent en concurrence pour être payées sur
le gage commun du capital. Qui l'emportera
dans ce règlement disputé ? Il est naturel, il
est inévitable, concluait Emmanuel Lévy, que
la créance collective de travail absorbe gra-
duellement, mais totalement, le capital.

« Cette conclusion dispensait du coup de force
ou des coups de théâtre révolutionnaires. Il
suffisait de hâter le groupement syndical et de
renforcer par les exercices de la lutte des classes
la foi juridique des non-possédants. Parti de

Lassalle et des principes de laboratoire social, l'analyste du droit privé rejoignait pour l'action positive... les « meneurs » syndicalistes.

« A sa suite, sinon à son exemple, quelques-uns d'entre nous allaient délaisser les routes battues de la phraséologie...

« Longtemps après la même influence des mêmes hommes s'est retrouvée en moi...

« L'optimisme juridique d'Emmanuel Lévy, qui voit le droit pur s'élaborer dans le délire des passions et des surenchères, me donne confiance et sérénité, quand j'envisage les bouleversements et les conflits cruels de l'après-guerre. Après vingt ans, les leçons de 1899 ne sont point tout à fait perdues. »

L'auteur de ce tableau d'un alerte impressionnisme a marqué avec une rare sureté de doigté les traits essentiels de l'œuvre de démolition et de reconstruction scientifiques que son « ainé » de l'école de droit traçait à la veille du concours d'agrégation et a depuis réalisée. J'ai quelque peine à croire que M. de Monzie soit aussi surpris qu'il l'affirme que la réalisation de cette œuvre d'une brutale probité n'ait point encore conduit Emmanuel Lévy à la célébrité : soit à la célébrité éphémère que confèrent les bruits élogieux des salons académiques répercutés par la réclame automatique des oisifs à l'affût de la dernière mode littéraire ou scientifique aussi bien que de la dernière mode vestimentaire ; — soit à la célébrité, souvent encore plus factice et aussi peu résistante, dont se parent les pontifes préposés par l'estime des bureaux administratifs à la garde des traditions et à la police de leur compartiment de la production intellectuelle. Au cours de ses multiples pérégrinations ministérielles, M. de Monzie a certainement séjourné quelques semaines, peut-être même quelques mois, à l'Instruction publique et aux Beaux-Arts. Il a pu s'y convaincre que la célébrité administrative et la célébrité mondaine ne se laissent pas plus facilement séduire par ceux qui font de la science pour la science que par ceux qui font de l'art pour l'art et que ceux-là seuls ont chance d'en goûter de bonne heure les sourires qui n'assignent point à leurs efforts d'autres buts que le décrochage de prébendes ou de commandes, de décorations ou d'avancements.

Certes, c'est à juste titre que M. de Monzie proclame que l'œuvre de Lévy n'occupe point, pour l'instant, dans notre littérature, la place à laquelle elle a droit. Cette place ne se dégagera que quand l'épreuve du temps aura fait ressortir dans la production juridique contemporaine les trop rares parcelles de ce métal précieux de l'intelligence, que sont les pensées hardies et créatrices, et les aura dissociées de la masse amorphe et inconsistante des travaux de librairie et des travaux académiques. Cette place sera une place de premier plan, j'en suis certain. Et j'affirme ma certitude en accueillant l'œuvre d'Emmanuel Lévy dans celle de mes trois collections de travaux de sociologie juridique et de jurisprudence comparative qui constitue ma réserve, ma bibliothèque de prédilection, celle où je range les œuvres sur l'avenir desquelles je crois pouvoir spéculer à coup sûr, parce qu'elles expriment de hautes, de fécondes vérités sociologiques, dont la lumière trop neuve et trop crue offusque les yeux de juristes habitués aux teintes neutres et décolorées des vérités sociales d'hier, mais qui deviendront inévitablement les vérités primordiales, les vérités — flambeaux, pour la génération de nos enfants ou de nos petits-enfants.

Que M. de Monzie se rassure. Non, Lévy ne « s'est pas lassé de publier ses trouvailles d'inventeur intellectuel ». Mais il a négligé de les entourer de la publicité qui, parfois, contribue tout autant au lancement d'une œuvre que la valeur intrinsèque de l'œuvre elle-même. La série des études de sociologie juridique publiée par lui depuis 1899, — époque où il écrivait les pages, si souvent démarquées ou pillées, de *Responsabilité et contrat*, — jusqu'à 1922 — date de la publication de son *Introduction au droit naturel*, — restait jusqu'ici éparpillée dans des revues variées et des collections interrompues ou épuisées. Il fallait procéder à un travail préliminaire de documentation bibliographique pour avoir une vue synthétique de la philosophie sociale d'Emmanuel Lévy. Le lecteur pourra pour la première fois, grâce au présent volume, suivre, sans efforts, et année par année, l'évolution d'ensemble de la pensée d'un sociologue doué du don — précieux au point de vue scientifique, mais funeste au point de vue alimentaire — de prévoir et d'annoncer les grandes vagues de fond, qui vont secouer la nappe générale du droit, quinze ou vingt ans avant le moment où elles commenceront à troubler la sérénité des experts officiels et à les contraindre à reviser ou assouplir leurs dogmes scientifiques. Dans les chapitres de cet ouvrage, qui furent écrits avant 1914, on retrouvera les actes de naissance de doctrines ou d'idées-forces dont l'ingéniosité n'est devenue patente qu'à la lumière des enseignements de l'après-guerre et qui, sous une forme édulcorée, sans indication de provenance, circulent désormais de livre en livre comme des éléments de la pensée juridique tombés dans le domaine public.

Non. La province n'a point « confisqué l'originalité » d'Emmanuel Lévy. Elle l'a plutôt aiguisée, surexcitée en lui donnant l'occasion d'étudier les problèmes de science sociale appliquée que pose quotidiennement l'administration d'une de nos plus grandes cités ; de confronter ses doctrines juridiques avec les vues et les aspirations des groupements syndicaux, des cercles de patrons aussi bien que des milieux de la Bourse du travail ; d'intervenir comme représentant des usagers et comme arbitre dans ces querelles collectives du capital et du travail, des entreprises de services publics et de leur personnel, au travers desquelles s'élaborent les données renouvelées du droit civil de demain. Mais elle a aussi contribué à lui faire prendre figure de fauve en le poussant à se laisser aller à sa propension naturelle à délaisser nos exercices quasi-rituels de dialectique et nos éternelles discussions de textes pour pétrir et modeler cette matière vivante, frémissante, qu'est le droit en formation dans le heurt des croyances collectives des masses.

Notre enseignement universitaire a de tous temps été organisé en vue de faire des juristes les défenseurs spontanés de toutes les situations acquises et de développer en eux un esprit ultra-conservateur. Il n'est donc pas surprenant que ceux d'entre eux, qui n'avaient pas déjà secoué l'empreinte de cette éducation, aient éprouvé en présence de travaux d'allure aussi novatrice que l'*Affirmation du droit collectif*, et, à un plus haut degré encore, en présence de productions de la maturité de Lévy, telles que son *Introduction au droit naturel*, le même malaise, le même sentiment de profanation, la même impuissance à comprendre qu'avaient éprouvée jadis les vieux chefs des ateliers académiques et leurs élèves en face des premières manifestations du génie propre d'un Courbet ou d'un Manet. Instinctivement, ils ont jeté le voile sur une œuvre qui déjà les déroutait par son souci artistique de la forme, et qui surtout heurtait leurs instincts traditionnalistes par la franchise avec laquelle y étaient exposées des idées révolutionnaires.

L'iconoclaste ne se bornait plus, comme dans l'œuvre de jeunesse qu'évoque M. de Monzie, à miner sourdement l'édifice sacro-saint de la propriété, en projetant la lumière sur quelques-unes de ses origines les moins reluisantes et en signalant les moyens les plus efficaces d'en renouveler les formes et d'en modifier la répartition. Sa critique s'attaquait à toutes les notions fondamentales que le juriste considère comme les bases invariables de sa science : contrat, droit réel, obligation, créance, droit acquis, et, dé-

pouillant ces notions de leur bogue traditionnelle de phraséologie légale, en mettait à nu le
contenu et le faisait apparaître comme le produit instable d'une comptabilité sociale dont
les données ne cessent jamais de se renouveler.
Le relativisme de ses doctrines eut suffi à lui
seul, en dehors même de l'impressionnisme et
de la coloration de son écriture, à susciter au-
tour de son œuvre la conspiration spontanée du
silence.

Les qualités de son tempérament scientifique,
qui l'ont exposé à ce boycottage professionnel,
sont précisément celles qui lui assignent sa place
dans cette galerie internationale des juristes
populaires. L'hommage que j'apporte à l'auda-
cieuse probité de sa pensée ne contribuera pas
à diminuer les préventions dont il est victime.
Car mon crédit près des cénacles qui détiennent
pour l'instant la coupe administrative des véré-
tés juridiques est encore plus faible que le sien.
Si j'ai pu rejoindre dans la liste de classement
du personnel des Facultés de droit le milieu
d'un concours d'agrégation dont j'étais sorti
premier, c'est seulement à la faveur des heures
de détente et d'union qui ont marqué le lende-
main immédiat de la guerre et après avoir jus-
que-là suivi péniblement la queue de la colonne.
Si j'arrive aujourd'hui à glisser dans les cadres
enseignants des universités de divers pays étrangers des collaborateurs pliés à mes méthodes
d'études et dont les travaux inauguraux ont
été le produit combiné de mon activité scientifique et de la leur, je n'ai jamais pu, en revanche,
conquérir l'accès d'un jury d'agrégation, fût-ce

à titre de membre suppléant. Je crois bien que je suis le seul universitaire français qui, au bout de trente ans d'enseignement dans une chaire magistrale ne se soit point encore élevé dans l'*ordo dignitatum* administratif au-dessus du grade d'officier d'académie et soit certain d'arriver à l'heure de la retraite obligatoire sans avoir cónquis l'aptitude à être proposé pour le ruban rouge.

Mais la cause pour laquelle j'ai bataillé pendant toute mon existence de professeur, — l'internationalisation de la science du droit, l'*humanisme juridique* au sens littéral et moderniste du mot — a fait dans ces dernières années des progrès appréciables. Nombreux sont les pays où commencent à s'organiser des groupes squelettiques, mais déjà agissants, de coreligionnaires scientifiques. L'appui de ces coreligionnaires, ainsi que la ténacité des éditeurs entreprenants que sont Marcel Giard et Paul Geuthner, a assuré aux travaux de mes collaborateurs un noyau de lecteurs, plus dense sans doute à l'étranger qu'en France, mais qui, même chez nous, va s'accroissant régulièrement. C'est à ce public d'amis fidèles, qu'unit à nous un commun désir d'informations objectives sur les problèmes sociaux de portée internationale, que je présente ce recueil de morceaux choisis de l'œuvre de sociologie juridique d'Emmanuel Lévy.

Cette présentation n'implique point de ma part adhésion aux vues exposées par l'écrivain qui a été en France le constructeur des doctrines juridiques du socialisme. Je n'entends point dire non plus que je les repousse. Beaucoup me séduisent et parfois même forcent ma conviction. Mais ce que j'entends marquer ici, c'est que les livres auxquels je donne l'hospitalité sont choisis à raison de leur valeur documentaire, et non point uniquement de leur conformité avec mes opinions intimes. Dans le mois même où va paraître, dans la *Collection internationale des juristes populaires*, cette critique reconstructive des principes fondamentaux de notre droit occidental faite d'un point de vue socialiste, — ou au plus tard au cours du mois suivant, — je publierai, dans la *Bibliothèque de l'Institut de droit comparé de Lyon* une traduction de la *Constitution de l'Union des républiques socialistes soviétiques*, établie sous la direction de M. Jules Patouillet, illustrée par un de mes disciples bulgares, M. Stefan Yaneff, de commentaires puisés dans l'étude des premiers travaux de publicistes russes sur la matière, destinée à faire ressortir les oppositions entre le Pacte de la société des Nations Soviétiques et le Pacte de la Société des Nations Wilsonienne, et, dans les *Travaux du Séminaire oriental d'études juridiques et sociales*, dont je reprends la publication chez Paul Geuthner, après une interruption d'une douzaine d'années, une étude de mon collaborateur égyptien Sanhourgur *Le Califat, son évolution vers une Société des Nations orientales*, qui nous présentera l'envers oriental et musulman d'une série de problèmes internationaux que nous sommes habitués à n'envisager que par le point de vue chrétien et occidental.

La diversité même des sujets traités dans ces

publications concomitantes et des tendances d'esprit dans lesquelles l'examen en est abordé, attestera suffisamment, je l'espère, ma volonté de me comporter en honnête courtier ès-science sociale, soucieux d'assurer dans ses rayons une représentation à tous les grands corps de doctrine juridique — plaisants ou déplaisants à son esprit — qui constituent les forces de propulsion mondiales du temps présent. Si j'avais à placer sur le fronton commun de mes collections l'un de ces substantifs-programmes, qui servent de titre à quelques-uns des livres du grand homme d'état dont Lévy est le principal collaborateur à Lyon, les mots que je choisirais c'est « connaître » ou « comprendre ». Car, après tout, en matière sociale, « connaître » et « faire connaître », « comprendre » et « faire comprendre » est encore le meilleur moyen de se préparer soi-même et d'aider les autres à se préparer à l'action réfléchie et efficace.

EDOUARD LAMBERT

I

La Transmission (1896)

LA TRANSMISSION (1) (1896)

J'analyse ici la transmission des droits ; je montre que la règle « on ne donne que le droit qu'on a » n'est pas une vérité exacte et toujours respectée.

Nous devons vérifier les axiomes qui sont à la base de nos institutions.

Cet essai est une ébauche, un programme d'études. Je ne m'exagère pas son intérêt pratique immédiat, car précisément les Tribunaux ne s'arrêtent pas aux objections de la Faculté, car le Palais est loin de l'Ecole.

Il ne faut pas que toujours la Faculté s'incline. Mais il arrive que la nécessité est le droit, l'harmonie dans la législation.

Dans les cas où évidemment le principe de transmission ne joue pas, n'y a-t-il pas une explication vraie, humaine ?

(1) Extraits ou résumés de : *Sur l'idée de transmission des droits* (à propos de la preuve de la propriété), 171 pages. Paris, Pedone éditeur, 1896.

I

PROTECTION DU DROIT ACQUIS

Comment prouve-t-on en justice que l'on est propriétaire ?

Article 2279 du Code Civil : « En fait de meubles possession vaut titre ».

C'est-à-dire : la possession de bonne foi d'un meuble équivaut à la propriété, même si on n'a pas acquis du propriétaire, et, en outre, sans qu'on ait à présenter un écrit : je prends un livre chez un libraire, je paye ; ce livre lui avait été prêté ; emprunteur il n'avait pas le droit de le vendre ; s'il le fait sciemment, il commet un abus de confiance (1), il risque la prison ; moi je suis envers et contre tous propriétaire de ce livre ; sa volonté est punissable, ma volonté est efficace, son délit est mon contrat.

Quant aux immeubles (aux terres, aux maisons), que vaut le titre, que vaut la possession ? Rigoureusement rien, rien en théorie pure, dit l'Ecole. La jurisprudence répond : le titre,

_____

(1) Si j'ai acheté à un voleur le volé peut me réclamer le livre, mais à condition de me rembourser le prix (art. 2280 C. civ.).

la possession prouvent la propriété foncière. Le titre : j'ai acheté une parcelle de terrain ; parce que je l'ai achetée j'en suis propriétaire ; si demain un intrus s'installe à ma place, je le ferai déguerpir par jugement en prouvant mon droit par mon titre : je n'aurai pas à établir devant le Tribunal que j'ai traité avec le vrai propriétaire, c'est-à-dire, dans le droit français actuel, à démontrer que mon vendeur a, par lui ou par ses ancêtres, ses auteurs, par ceux de qui il tient son droit, possédé cette terre le temps exigé par le Code pour avoir la preuve de la pleine et absolue propriété foncière, la preuve par la prescription. La possession aussi fait preuve : si j'ai acheté le champ après que mon adversaire s'y était installé, l'avait cultivé, il en est propriétaire contre moi, parce que avant moi.

Prenons maintenant la théorie pure : le titre d'acquisition n'est une preuve que si le vendeur était certainement propriétaire : si cette théorie est exacte l'usurpateur, l'intrus — protégé en justice de paix par l'action possessoire — triomphera devant le Tribunal Civil de celui qui a cru acheter et qui a payé.

Mais le possesseur triomphant a une situation fragile ; peut-être le vrai propriétaire se montrera-t-il, peut-être celui qui a acheté va-t-il réunir des preuves constituant une origine de propriété, attestant que son vendeur était le *verus dominus*, le véritable, l'unique titulaire du droit.

Ainsi le possesseur est, jusqu'à ce que lui-même ait prescrit, sous menace d'expulsion. Il a besoin d'argent pour cultiver. Quel crédit trouvera-t-il ? Pourquoi ferait-il des dépenses qui engagent l'avenir ? Faute de sécurité, de droit, la terre ne donnera pas tous ses fruits. Par respect pour le principe le champ attendra son maître.

La jurisprudence n'hésite pas : celui qui acquiert dans les modes légaux est propriétaire contre ceux qui n'ont pas un droit plus fort.

Je dis tout de suite que les arrêts concernent rarement des immeubles très importants.

Il est vrai que tout ne se plaide pas, que des acquéreurs ne sont pas troublés, précisément grâce à la jurisprudence.

Mais il est certain, aussi, que beaucoup de propriétaires n'ont pas des preuves décisives de leur droit. Tous les hommes de pratique le disent, les enquêtes du cadastre ont montré que les intéressés ne se faisaient pas d'illusion, que beaucoup redouteraient fort qu'on leur demandât une preuve absolue.

On croit en son droit et au droit d'autrui, faute d'en être sûr. On traite, on prête sur des immeubles dont les origines de propriété sont insignifiantes. Pour qui prend à bail un appartement, le maître est celui qui se donne comme tel. On n'a pas le temps ni les moyens de douter. C'est l'intérêt de tous. Il y a une entente tacite. Nous vivons de croyances. Voilà le fait (qui est aussi pour nous le droit).

La question ne s'est posée devant les Tribunaux que longtemps après la promulgation du Code civil. Mais la jurisprudence était accoutumée à trancher des questions de droits réels entre adversaires n'ayant l'un et l'autre ni titre ni prescription. Elle faisait triompher celui qui avait une possession mieux caractérisée et plus ancienne. Il y a des arrêts très nombreux en ce sens. Chacun pris en lui-même est sans intérêt doctrinal. Le juge dit qui possède, il compare présomptions et témoignages.

Mais, à dater de 1864, intervinrent des décisions fort importantes et très connues de la Cour de Cassation, qui proclamaient résolument : celui qui a un titre acquisitif l'emporte sur quiconque n'a qu'une possession postérieure à ce titre. Le premier arrêt, du 22 juin 1864, était des plus nets. Il déclare que le titre — un acte d'adjudication — fait preuve complète à l'encontre du possesseur : « attendu qu'aux termes de l'art. 711, la propriété des biens s'acquiert et se transmet par l'effet des obligations ». Mais, tout en se prononçant avec pleine franchise au point de vue juridique, la Cour semblait s'excuser par avance, invoquant d'inéluctables nécessités : « Attendu que le droit de propriété serait perpétuellement ébranlé si les contrats destinés à l'établir n'avaient de valeur qu'à l'égard des personnes qui y auraient été parties, puisque, de l'impossibilité de faire concourir les tiers à des contrats ne les concernant pas, résulterait l'impossibilité d'obtenir des titres protégeant la propriété contre les tiers ». La jurisprudence paraissait se donner comme prétorienne ; on la prit comme telle. Les uns la défendirent en envisageant l'équité. D'autres la critiquèrent au nom des principes. Personne ne la soutint en droit. C'était d'une part Aubry et Rau : « En dehors de l'usucapion, la preuve du droit de propriété, qui incombe au demandeur en revendication, ne saurait *en pure théorie* s'administrer, d'une manière complète, que par la production d'un titre translatif de propriété, accompagné de la justification du droit de l'auteur immédiat et de celui des prédécesseurs de ce dernier. Mais une preuve aussi rigoureuse se concilierait difficilement avec les exigences pratiques : et il semble, d'un autre côté, qu'au point de vue de l'équité, on ne puisse réclamer du revendiquant que la preuve d'un droit meilleur (1) ou plus probable que celui du défendeur ». C'est d'autre part et

(1) Aujourd'hui la formule d'Aubry et Rau est corrigée par MM. Colin et Capitant « Le revendiquant doit être admis à invoquer tous les moyens possibles. En effet la loi permet la preuve par présomption chaque fois que l'intéressé a été dans l'impossibilité de se procurer une preuve littérale. Or, c'est le cas ici : l'intéressé, l'acquéreur de la propriété, a été dans l'impossibilité de se procurer une preuve écrite opposable à tous, puisque la preuve écrite qu'il pouvait se ménager ne consistait qu'en un acte à effet relatif. Cela posé, notre jurisprudence s'éclaire et se justifie à merveille. Le revendiquant qui critique la situation du possesseur actuel en se fondant sur une possession antérieure ou qui produit un acte plus ancien (cependant inopposable en soi à ce possesseur) ou qui invoque un partage ou un jugement, encore que ces actes ne soient nullement translatifs, ne produit pas de preuve au sens technique du mot. Il invoque une simple présomption, un indice..., la possession actuelle du défendeur était une présomption..., la possession plus ancienne du revendiquant en sera une autre... ; un titre écrit est une présomption plus forte que la simple possession et ainsi de suite ».

Mais cela revient à dire :

1° Que la propriété se prouve régulièrement comme droit relatif ;

2° Qu'elle se prouve par des présomptions basées sur les possessions ou les titres, en d'autres termes par les croyances qui s'élaborent sur des situations. *Rapprocher* sur la preuve par possession d'état (domicile, filiation, nationalité) « *Les droits sont des croyances* » (*Revue trimestrielle de droit civ.* janvier 1924).

surtout Laurent dont nous verrons plus loin la critique.

L'immeuble objet du litige de 1864 était modeste : une haie séparative. L'action ressemblait fort à une action en bornage.

Mais, le 27 décembre 1865, la Cour de Cassation décide, à propos du lac de Paladru, qu'un jugement déclaratif de propriété est opposable à un tiers possesseur, sauf à lui à « l'attaquer au moyen de la tierce opposition ou même directement », ou encore « à faire la preuve contraire et à établir, à son profit, soit un droit de propriété préférable, soit une possession antérieure légalement acquisitive ». Voici l'espèce : A... et B... se rendent adjudicataires, le 22 octobre 1846, du lac de Paladru. Le Cahier des Charges portait qu'une partie de ce lac était exploitée par les habitants de deux communes, et que l'adjudicataire serait, par le fait seul de l'adjudication, subrogé à tous droits et actions du vendeur à l'effet d'obtenir sa réintégration dans la jouissance de cette portion du lac, mais sans garantie. En 1848, A... et B... assignent devant le Tribunal de Bourgoin l'une des communes, celle de Collatières : ils triomphent. Puis un sieur B..., habitant de la commune du Pin, obtient, sur action en complainte, un jugement le maintenant en possession. A... et B... revendiquent. Ils perdent devant la Cour de Grenoble faute par eux de pouvoir invoquer la prescription décennale : la clause de non garantie parut au juge exclure la bonne foi. L'arrêt fut cassé, sans que la Cour permît aux demandeurs de prouver que, si la portion du lac par eux possédée ne leur appartenai' pas, elle faisait partie du domaine de l'État. Ainsi donc le jugement fait preuve du droit *erga omnes*, et on ne détruit l'effet de ce droit qu'en établissant « à son profit » un droit meilleur. Peu importerait qu'on prouvât la propriété d'un tiers.

L'arrêt fit date. C'est maintenant encore sur lui que les auteurs discutent. Mais le titre, ici, était un jugement, et qui avait donné gain de cause aux demandeurs en fondant leur droit sur la prescription.

Que penserait la Cour de Cassation d'un contrat ?

Elle n'eut pas pendant plusieurs années l'occasion de se prononcer. On cite, il est vrai, certaines décisions ou certains considérants. Mais ils se rattachent à la vieille jurisprudence qui fait triompher au pétitoire le possesseur le plus ancien. On a un peu confondu les deux jurisprudences. Celle-ci, qu'on ne discutait même pas auparavant, a souffert par contre coup de l'importance que la nôtre a prise et du mal qu'on en a dit.

Mais un arrêt de la Cour de Pau, du 8 mai 1872, admet comme preuve du droit un acte de partage.

« Attendu que de simples présomptions ne sauraient prévaloir contre un tel titre ».

Deux arrêts d'Aix, en date des 29 février et 15 mars 1872, préfèrent un acte de vente à une possession moins ancienne.

Ensuite, une décision de la Chambre civile (17 février 1886) admet qu'une constitution en dot d'un immeuble suffit à justifier de la propriété contre une semblable possession.

Nous citerons aussi un arrêt de Requêtes du 17 juillet 1894. Le titre est cette fois une vente.

Relatons enfin un arrêt de la Cour de Liège, du 17 novembre 1894, dont les considérants résument bien la thèse : « Attendu qu'aux termes de l'article 711 du Code civil, la propriété des biens s'acquiert et se transmet par l'effet des obligations..., que la propriété étant de sa nature un droit réel, opposable à tous, l'acte qui constate cette transmission a la même force probante *erga omnes* ; que vainement on invoque l'article 1165 du Code civil ; que cette disposition ne s'applique qu'aux conventions qui produisent des obligations purement personnelles ; attendu, dès lors, que la commune intéressée n'est pas fondée à repousser les titres des appelants en se basant uniquement sur ce que ces actes lui sont étrangers ; qu'elle ne pourra détruire l'effet de ces documents que par la production d'autres titres ou à l'aide d'une possession antérieure aux actes produits et continuée depuis, enfin par une possession postérieure réunissant les conditions voulues pour la prescription ».

Analysons maintenant la thèse opposée : un titre, étranger au possesseur, ne prouve rien contre lui. Cette théorie, nous ne la trouvons développée que par ceux qui laissent résolument de côté les considérations pratiques, pour s'en tenir aux principes, en tête le jurisconsulte belge Laurent.

II

LA FORCE DES CHOSES

On ne voit guère, à la simple lecture des textes, quelle objection théorique peut être faite à la jurisprudence. Aux termes de l'article 711, le texte principe des « dispositions générales », qui commence le livre troisième du Code civil, consacré aux « différentes manières dont on acquiert la propriété », celle-ci « s'acquiert et se transmet par succession, par donation entre vifs ou testamentaire et par l'effet des obligations ». Pourquoi ce droit ne pourrait-il s'obtenir au moyen d'un tel titre, sans qu'un de nos auteurs l'ait lui-même acquis par occupation ou par prescription ? Car c'est là ce que l'on soutient. Où est-ce écrit ? L'article 711 le dit et semble le supposer si peu, que c'est seulement dans l'article suivant que le Code traite, à titre d'ailleurs subsidiaire, de la prescription considérée comme acquisitive de droit. Art. 712 : « La propriété s'acquiert aussi par accession ou incorporation, et par prescription ». On dirait que la prescription n'est pour le législateur que l'accroissement d'un droit déjà acquis. Quant à l'occupation, il n'en est parlé à nul endroit dans le Code.

Pourtant tout jurisconsulte éprouve quelque méfiance à l'égard de la doctrine des arrêts.

Pourquoi ?

Mais examinons les arguments de Laurent.

Il est de principe, dit-il, que c'est au demandeur à prouver : *Actori incumbit probatio*. L'article 1315 est une application de ce vieil adage : « celui qui réclame l'exécution d'une obligation doit la prouver... », et, quoique ce texte

traite de la preuve des obligations, on admet
que l'idée qui s'en dégage domine les droits
réels, aussi bien que les droits personnels. Il est,
en effet, certain que quiconque prétend à un
droit contre autrui, que quiconque veut accom-
plir un acte qui diminue le champ de liberté de
son prochain doit montrer un titre qui le lui
permette. Il y a là une sorte de principe constitutionnel.

(Il est vrai que, chez les peuples primitifs,
notamment chez les Germains, c'était au défendeur à fournir sa preuve, par serment, par
témoins, etc... ; mais le droit avait alors un
caractère divin : il fallait avoir pour soi les
dieux).

Nous avons en présence A... qui a un titre ;
B... qui possède. Celui-ci a une situation acquise;
que celui-là, qui demande, qui prétend innover,
justifie sa prétention.

C'est son droit à lui qu'il doit démontrer ;
il ne suffit pas qu'il prouve l'absence de droit
chez son adversaire. Que celui-ci ait ou non
un titre, qu'il soit ou non de bonne foi, il possède, cela suffit.

A... ne fournit-il pas une preuve en présen-
tant un titre antérieur à la possession de B... ?
Mais voici deux nouveaux principes. 1º : *res
inter alios acta aliis nocere non potest* (un acte

ne peut nuire aux tiers) 2° : *nemo dat quod non habet* (on ne donne pas ce qu'on n'a pas).

Ils ne sont pas dans le Code. Mais le premier se dégage en généralisant un texte du titre des obligations, l'art. 1165 du Code civil : « les conventions n'ont d'effet qu'entre les parties contractantes ; elles ne nuisent point aux tiers ».

Pour le second, il est appliqué par plusieurs textes aux droits réels, aux droits personnels (surtout les art. 2125 et 2182 C. c., 717 C. pr· civ.). Tous supposent une revendication exercée par le véritable propriétaire. Mais, dégageant sous la lettre l'esprit et généralisant, on enseigne qu'on ne peut pas plus opposer à un possesseur un prétendu droit qu'on ne tient de personne, qu'il n'est permis d'invoquer contre le véritable propriétaire un droit nul ou résolu. Il y a même raison. Et cette raison est l'évidence. Elle est tellement d'évidence qu'elle n'est pas susceptible de démonstration. C'est un axiome. On ne peut donner à autrui une chose quelconque qu'on n'a pas. Comment pourrions-nous transmettre un droit qui ne nous appartient pas ?

Ces principes étant admis, le titre du demandeur ne peut pas nuire à celui qui possède.

Dira-t-on avec la jurisprudence que la propriété est de sa nature un droit réel opposable à tous ? D'accord. Mais il est excessif d'en conclure avec elle que « les actes qui constatent sa transmission ont la même force probante contre tous ». C'est confondre l'acte translatif avec le droit qu'il transfère. Ce droit est opposable à tous, mais s'il existe. Quant à la convention, elle n'est opposable qu'aux parties et à leurs ayant-cause. Le caractère absolu du droit de propriété ne peut déteindre sur les actes translatifs de propriété. Ceux-ci ne créent par eux-mêmes que des obligations auxquelles s'applique l'art. 1165 C. C. Ils ne donnent naissance à des droits réels au profit de l'acquéreur que si ceux -ci existaient déjà chez l'aliénateur.

En définitive la jurisprudence repose sur un sophisme : la propriété est un droit absolu : donc le titre qui la constate a un effet absolu.

Citons sur ce point un passage très net d'une brochure signée Montagne : « En vain, le demandeur m'objecte son titre ; je ne vois pas comment cela pourrait modifier ma situation. Quelle théorie singulière, en effet, que celle qui veut que le titre me soit opposable, comme si j'étais l'aliénateur, et qui m'impose la nécessité de le renverser... Sans doute, le titre authentique ou sous seing privé ayant date certaine m'est opposable en ce sens qu'il fait foi à mon égard du fait juridique qui s'est accompli, et, à ce point de vue, il serait opposable au véritable propriétaire comme au possesseur... Mais, ce qui serait le renversement de toutes les règles de bon sens et d'équité, ce serait d'admettre qu'il pût en rien me lier au point de vue des conventions qu'il renferme, et qui me sont parfaitement étrangères... Lorsque vous venez me dire que vous êtes muni d'un acte constatant que telle personne a consenti une aliénation à votre profit, je me garde bien de nier l'existence de ce fait, mais je réponds que la convention antérieure m'est absolument indifférente, et que j'exige de vous la preuve de votre droit, exactement comme je l'exigerais de votre auteur. Il est évident que, si celui-ci s'avisait de revendiquer, il ne pourrait point triompher en se basant sur ce motif unique qu'il a possédé avant moi... Chose bizarre, la jurisprudence, qui n'admettrait point un tel raisonnement dans la bouche du vendeur, l'accueille sans hésiter lorsqu'il est tenu par l'acquéreur ».

Ainsi, et en résumé, la combinaison des adages serait un obstacle dont la jurisprudence n'a pu triompher.

C'est surtout en justice de paix, à propos de l'action en bornage, que se jugent les questions examinées ci-dessus concernant la lutte des titres et possessions. Et il est frappant qu'en

cette matière les auteurs oublient les objections
qu'ils ont coutume de faire à notre thèse. Le
problème reste cependant identique : savoir qui
a le droit de posséder. Et les solutions admises
par la jurisprudence sont les mêmes que pour
la revendication : en présence d'une possession
exclusive, nécessité d'un titre antérieur, sinon
des présomptions suffiront. Mais la nécessité
ici a fait taire presque toute critique. Il faut
que les champs soient bornés. Et, s'ils ne pouvaient l'être qu'au moyen de titres communs à
tous les voisins, ils ne le seraient pour ainsi dire
jamais complètement. Alors le juriste s'incline.

Pas tout à fait cependant, et Morin, dans un
petit opuscule sur l'action en bornage, élève
contre cette jurisprudence d'amères critiques.

« Ce système est en opposition manifeste avec
ce principe de bon sens qui veut que les conventions n'aient d'effet qu'entre les parties contractantes... Armé de la loi nous préférons la
possession sans titre aux titres sans possession...
Toute action contre une personne doit être basée
sur un engagement pris par elle ou sur un fait
de sa part donnant lieu à une obligation. Je puis
dire à celui qui, à propos du bornage, veut
m'enlever une partie de mon champ : « Je n'ai
pas contracté avec vous, ni pris envers vous
aucun engagement ; vous n'articulez contre moi

aucun fait dommageable... M'avez-vous donné votre champ à garder ? » Puis, ailleurs, appréciant au point de vue moral ce système : « C'est faire de l'anarchie... Jacques a-t-il pu donner plus qu'il n'avait ? » Cela est « un truisme ». Ailleurs : « des titres sans possession ne sont qu'une série de prétentions non justifiées, semblables à ces dénominations de rois de Chypre et de Jérusalem que se transmettent certaines dynasties... Si l'on venait à dire à l'un de nos adversaires que sa maison a été l'objet d'un contrat de vente passé devant notaire, sans son concours, entre gens qu'il ne connait pas..., il n'y attacherait pas plus d'importance qu'à l'acte par lequel un insensé vendrait le Louvre ou le Panthéon, etc... etc. »

Il faut au reste avouer que la plupart des auteurs qui traitent du bornage semblent vouloir donner prise aux critiques. Ils reconnaissent qu'ils apportent une exception à l'article 1165, aux principes. D'autres invoquent cette idée que l'action en bornage est double : comme si, parce qu'il y a deux demandeurs, ce devait être une raison pour violer deux fois les principes. Il fallait préciser davantage. Il y a deux demandeurs, cela est exact, mais pourquoi ? Parce que aucun des voisins n'a, sur la partie en litige, une possession bien caractérisée. Le juge doit

donc avant tout dire qui possède. Le tort des
auteurs est d'avoir voulu établir ici des systèmes :
ils se demandent quels titres, quel moyens de
preuve-cadastre, commune renommée, actes
anciens ou récents etc... — devront être préférés
aux autres. Ils font des classifications ; chacun
a la sienne. En vérité il n'y a pas de système
possible. On peut seulement, et c'est fort louable,
donner de bons conseils au juge de paix.

Mais revenons à l'action de propriété, à la
revendication devant le Tribunal civil.

Laurent, qui reconnaît que sa doctrine est
pratiquement mauvaise, y a été amené malgré
lui par les textes, par la loi. Or, nous avons été
obligés, afin de donner à sa théorie toute sa
force, de faire jaillir l'esprit de la lettre, et, pour
cela, de généraliser et d'invoquer la tradition.
Précisément, Laurent ne veut pas que, sous
prétexte d'interpréter la loi, on la fasse au
moyen d'une tradition, même certaine, et qui
n'aurait contre elle aucun texte formel. N'est-il
pas intéressant de relever cette contradiction ?
Il nous serait facile de nous retrancher derrière
les textes : tous ceux qu'on nous oppose concernent les obligations ; un seul concerne les
droits réels, l'article 711. Nous ne le ferons pas. Le
juriste ne peut s'enfermer, autant que le voudrait
Laurent, dans les articles du Code. Si nous nous

contentions de l'article 711, nous arriverions, nous aussi, à des conclusions impossibles, plusieurs propriétaires d'une même chose, aux droits absolus, inconciliables, quelque chose d'inintelligible.

Ni les uns ni les autres ne trouvons dans les textes les sources de nos convictions.

La jurisprudence cherche dans le Code ses motifs ; la nécessité lui avait dicté le dispositif.

Quant aux auteurs ce n'est pas la loi qui les fait résister.

Le Code est muet. Nulle part, il ne traite de la revendication ; on a invoqué des textes à côté. Quelque forts que soient les arguments, il a fallu les chercher : ils n'ont pas imposé la thèse, ils l'ont justifiée. Ce qui fait protester contre les arrêts, ce sont des idées préconçues.

Rappelons la jurisprudence : on peut triompher d'un possesseur sans démontrer qu'on a usucapé. Mais peut-être un tiers est-il le véritable propriétaire de l'immeuble litigieux. Son droit reste intact : *res inter alios acta...* D'où, pour la même chose, deux propriétaires dont l'un a un droit absolu, l'autre un droit relatif, l'un pouvant revendiquer contre tous, l'autre ne pouvant pas opposer son droit au premier. Et on peut imaginer que plusieurs personnes étrangères l'une à l'autre aliènent le même

domaine : d'où un nombre plus ou moins grand,
illimité, indéterminé de propriétaires. De diffi-
cultés point : le conflit se règlera le plus aisément
du monde, car les propriétaires n'auront pas des
droits égaux, ils auront des droits meilleurs ou
pires les uns que les autres. Mais, droits meilleurs,
droits relatifs, est-ce ainsi que nous nous re-
présentons la propriété ? C'est le *jus in re*, le droit
sur la chose. Elle est ou elle n'est pas. Que ce
soit pour des raisons de droit naturel ou de
politique, voilà l'idée. Elle compromet la jurisprudence .

Il en est une autre.

Un principe domine ici : on ne donne que le
droit qu'on a. Où est-il ? Dans le Code ? Ce
sera la partie la plus aisée de notre tâche de
montrer qu'on ne l'y rencontre, avec le sens
qu'on lui attribue, qu'après l'y avoir auparavant
mis.

Ce principe est presque vrai. Comme celui qui
a mal acquis succombe presque toujours en
présence du propriétaire, on constate cela et on
l'explique en généralisant la raison de son échec.
C'était un adage ; on en a fait un axiome. Il
plaît ; il rend l'idée sensible au moyen d'un
symbole, il la matérialise. Il considère le droit
comme un être, comme quelque chose ayant
une vie propre, indépendante de la vie de ceux

qui ont des droits. On le voit passer de main en main, et il passe. On le voit naître, vivre et mourir. On le voit se manifester, grandir, diminuer, se fortifier, s'affaiblir. Il a ses qualités, ses vices. Il a un corps et une âme.

III

Mais reprenons nos deux principes :

LE DROIT ACQUIS

Non, il n'est pas défendu de nuire. Il est défendu de porter atteinte au droit d'autrui, ce qui suppose — et c'est la question — un tiers qui a un droit, un droit acquis, un droit opposable.

A a acheté un fonds en traitant avec Paul, B a acheté le même fonds en contractant avec Paul ou avec un autre. Qui des deux est propriétaire par rapport à l'autre ? B nuit à A s'il gagne son procès. Mais porte-t-il atteinte à son droit ? Non, certainement, s'il est juste et s'il est légal qu'il gagne ce procès.

LE DROIT TRANSMIS

S'il est vrai, logiquement, absolument, mécaniquement, que, quelle que soit notre volonté, notre travail, notre foi, nous ne pouvons pas, par un acte translatif, acquérir un droit que n'avait pas notre auteur, le contraire est impossible.

Mais c'est faux. Encore un exemple, un seul : un héritier apparent, quelqu'un qui n'est pas héritier, mais que l'on a toute raison de croire héritier — il est le plus proche parent — il a été institué par testament — liquide la succession, vend les biens, se fait payer les créances : puis l'héritier véritable — on a découvert un autre testament — se présente ; trop tard : les ventes de l'intérimaire sont valables, les débiteurs ont bien payé : telle est la loi quant aux meubles (art. 2279 C. C.), quant aux créances (art. 1240 C.C., (1) telle est quant aux immeubles la jurisprudence française.

Les principes protestent.

Mais tout ce qui est est possible, est vrai, a sa logique.

---

(1) a. 1240 « Le paiement fait de bonne foi à celui qui est en possession de la créance est valable, encore que le possesseur en soit par la suite évincé ».

Kant écrit : « la transmission du mien par contrat s'opère suivant la loi de la continuité, c'est-à-dire que la possession de l'objet n'est pas un seul moment interrompue pendant la durée de cet acte ; autrement j'acquerrais un objet comme une chose qui n'aurait point de possesseur, et, par conséquent, cette acquisition serait originaire, ce qui est contraire à l'idée de contrat. Mais cette continuité veut que ce ne soit pas l'un des deux contractants en particulier, mais leurs volontés réunies, qui transportent le mien de l'un à l'autre, de telle sorte que l'on ne peut considérer le promettant comme abandonnant d'abord sa possession au profit de l'autre, ou renonçant à son droit, et l'autre comme survenant aussitôt, ou bien réciproquement. La translation est donc un acte dans lequel l'objet appartient un moment à deux personnes ensemble ; il en est ici comme d'une pierre lancée dans l'espace ; lorsqu'elle est arrivée au sommet de sa course parabolique, elle peut être considérée un moment comme s'élevant et tombant tout à la fois, et elle passe ainsi sans discontinuité du mouvement de l'ascension à celui de la chute (*Métaphysique d la doctrine du droit*, trad. Barni, p. 108).

C'est un langage magnifique.

IV

LA PERSONNE CRÉATION SOCIALE

Je simplifie : on donne un objet, non un droit. Le droit ne se transfert pas plus que la personne dont il est la manifestation. On achète, on vend, quoi ? Si je veux acquérir un fonds de quelqu'un, c'est parce que sa présence sur ce fonds me gêne. Si le fonds n'appartenait à personne, individu ou État, je pourrais en prendre possession par ma volonté. Ma liberté serait pour moi un titre suffisant d'acquisition. Ce qui m'arrête est la possession légitime d'autrui. Le contrat me permet de lever cet obstacle. Que le possesseur me cède son bien, c'est-à-dire qu'il y renonce — *cedere* — je serai libre. Le contrat est l'acte qui permet à mon droit de se manifester. Ce droit, je le tiens de moi-même et de la loi, de ma personnalité telle que la Société l'a créée. Ce n'est pas un droit transmis, il m'est acquis (1), si seulement il est vrai, s'il est jugé régulièrement et équitablement que je n'ai pas porté atteinte à un droit préférable. Le droit que j'ai,

(1) Cité par HUVELIN avec des commentaires puissants dans *Magie et droit individuel* (*Année sociologique*, 1907, p. 42).

que j'exerce, le tenant d'autrui, ce n'est pas le droit d'autrui, c'est le mien.

Cela s'applique aussi à la transmission des biens par acte de dernière volonté ou à leur acquisition *ab intestat*. Faute d'analyse, souvent on a dit qu'il y avait là quelque chose de spécial. Comment un défunt peut-il transmettre des droits qu'il n'a plus ? L'idée que voici est dans les travaux préparatoires du Code civil (discours de Chabot, de Tronchet) : l'héritier, le légataire succèdent par leur acceptation conforme à la loi, ils succèdent par la loi et par leur acceptation.

Il faut que la volonté d'acquérir soit légitime : il ne faut pas que, sous l'apparence d'une vente, il y ait un vol, un recel. Pour acquérir, je dois avoir cru acquérir : respecter une volonté de prendre le bien d'autrui ne serait pas respecter la volonté d'acquérir.

Le droit accorde à chacun, non ce qu'il veut, mais ce qu'il veut légitimement, comme membre de la cité. Le possesseur devient propriétaire parce qu'il l'a voulu et manifesté, mais sa volonté pacifique ne devient efficace que parce qu'elle est en harmonie avec la volonté commune.

Une dernière observation de texte ; l'article 883 C. C. dit que « chaque cohéritier est censé avoir succédé seul et immédiatement à tous les effets compris dans son lot et n'avoir jamais eu la propriété des autres effets de la succession ». Si la transmission est régie par des lois naturelles, mécaniques, il faut renoncer à comprendre l'article 883. L'idée cependant est claire : par le partage, on ne succède pas à ses copartageants, on réalise son droit indivis, on le réalise tel quel.

Conclusion : l'acquisition des droits ne trouve pas d'obstacle logique dans le mécanisme du transfert, mais un obstacle social dans le respect du droit d'autrui. Le principe : « on ne transmet que le droit qu'on a » se ramène au principe : « on ne porte pas atteinte au droit ».

Cette analyse s'applique aux créances. Une créance est un rapport ; on ne transmet pas un rapport. Ce que le créancier cédant aliène est la valeur à laquelle son droit correspond, selon la fortune, l'activité, le crédit du débiteur. Quant au droit même, il y a cession, abdication, non véritablement transmission : le créancier renonce au droit qui résulte de son acceptation ; le cessionnaire accepte à son tour. Un nouveau rapport s'est formé, il y a nouvelle créance. Cette idée se manifeste d'une façon matérielle dans la clause à ordre ou au porteur. Mais elle est tout aussi vraie dans la cession de créances constatées par des actes non formalistes. Le débiteur ne saurait se plaindre, puisque le transfert ne lui enlève aucun droit. Il est vrai que, dans le transfert des titres négociables, est un phénomène qualifié « inopposabilité des exceptions » ; pour des raisons de crédit public, la loi ne considère pas que le droit d'invoquer certains moyens de défense opposables au cédant soit acquis au débiteur contre le cessionnaire de bonne foi : « Foi est due au titre » : explication directe, à la fois de droit et de fait. Mais c'est trop simple, il nous faut du compliqué, on dit par exemple : le débiteur a renoncé au droit d'opposer les exceptions ; ce n'est pas vrai, car le débiteur n'intervient pas dans le transfert de titres négociables, et il est tout à fait faux de présumer une renonciation anticipée, entachée, d'ailleurs, des mêmes vices que l'obligation principale. Le souscripteur d'un billet ne s'est pas dit : « je sais que je suis trompé, que je signe par erreur, mais je me garderai bien de le reprocher au banquier chez qui l'effet sera escompté ». D'une façon générale, il vaut mieux une théorie franche, c'est-à-dire qui s'appuie directement sur le fait.

Ainsi notre adage est faux ; il est faux partout. Nulle part ce que l'on reçoit n'est égal à ce que l'on donne. Les idées valent ce que vaut celui qui les pense ; les choses celui qui les a ; l'apparence va de l'un à l'autre, mais le moi est irréductible au moi. Nous pouvons nous enrichir de la pensée, du bien d'autrui : pour cela il faut penser, il faut agir. De nouvelles forces sont en en jeu, de nouveaux droits naissent (1).

Nous en avons fini avec la maxime *nemo plus juris*. Un langage commode a trompé ; parce qu'on parlait de transmission, on a oublié qu'il y avait cession, abdication, puis acquisition, — extinction, puis création. Le propriétaire ne tient pas son droit de son auteur, mais de la Société qui renonce à son profit — phénomène organique ou acte de volonté — au droit qu'elle aurait de jouir en commun du fonds, à la possibilité qui lui appartient de l'en exclure. En d'autres termes, et encore une fois, il tient son droit de lui-même, de sa personnalité juridique, telle que l'a formée la cité.

V

LE JUS IN RE

Nous croyons en avoir fini avec les adages ; ils réapparaissent sous une autre forme. Qu'il soit vrai ou non en soi qu'on ne puisse trans-

(1) Je ne connaissais pas cette parole de Gœthe : « l'héritage que tu tiens de tes ancêtres, gagne le pour le mériter ».

mettre plus de droits qu'on n'en a, cela est pratiquement exact quant à la propriété : on est propriétaire ou on ne l'est pas ; on a le *jus in re* ou on ne l'a pas. Point de milieu. Point de fractions de propriété. C'est le droit absolu, illimité sur la chose ; il porte directement sur elle ; il l'embrasse ; il l'absorbe nécessairement tout entière. Il est exclusif de tout droit rival.

On invoque la tradition des formules et le Code civil.

La tradition des formules : ce sont toutes ces fortes expressions dont les juristes romains imités par nos anciens ont essayé de caractériser le droit sur les choses : *dominium*, *heredium*, *plena in re potestas*, etc.

Le Code, art. 544 : « La propriété est le droit de jouir et de disposer des choses de la manière la plus absolue. » On invoque ensuite les différents textes déjà cités, et notamment l'art. 717 al. 1, C. pr., où le propriétaire est supposé unique.

Il importe tout d'abord de bien voir la difficulté. Nous ne soutenons pas du tout qu'il puisse y avoir en même temps sur une même chose plusieurs personnes ayant le droit absolu et exclusif d'en jouir et d'en disposer.

Nous ne prétendons pas non plus qu'il y ait une hiérarchie féodale de propriétés.

Mais nous disons qu'un titre d'acquisition

suffit pour triompher d'un usurpateur, sans que celui-ci puisse opposer l'existence chez une tierce personne du droit de propriété, ou l'absence de droit chez l'auteur de son adversaire.

Y a-t-il pour cela deux ou plusieurs personnes pouvant à la fois jouir et disposer de la chose de la manière la plus absolue ? Nullement. Car il suffit que le *verus dominus* se montre et agisse pour que disparaisse le droit du possesseur de bonne foi. Ainsi à aucun moment il n'y a deux personnes à la fois pouvant légitimement avoir l'une par rapport à l'autre la possession de la même chose. Et c'est là tout ce qu'exigent, soit les définitions traditionnelles du droit de propriété, soit celle de l'article 544. Elles ne nous présentent pas ce droit comme nécessairement absolu, opposable à tout instant à tous, mais comme une faculté de jouir de la manière la plus absolue. En d'autres termes, le droit serait, selon la lettre du texte, absolu et exclusif dans ses effets, tant qu'il existe ; il permet en principe de modifier, d'épuiser, d'anéantir la substance de la chose. Mais il n'est pas absolu en lui-même. Il ne serait plus alors un droit de propriété, mais un droit de souveraineté (1).

(1) *Note sur la propriété et la souveraineté.* L'attention était attirée sur la question de savoir si les peuples dits primitifs ont connu la propriété individuelle. Sous cette

En présence d'un droit de souveraineté il n'y a place pour aucun droit qui n'en soit pas la délégation (1). En présence d'un droit de propriété, il y a place pour d'autres droits·

influence j'écrivais en 1897 (*Année sociologique* de Durkheim, p. 376) : Il y aurait à rechercher si la difficulté ne porte pas avant tout sur une question de terminologie. Fustel de Coulanges nous dit : « César ne montre nullement une communauté de village qui serait une association de paysans cultivant en commun le sol dont ils seraient propriétaires en commun ; il montre, ce qui est fort différent, les chefs de canton disposant arbitrairement d'un sol dont ils paraissent être seuls propriétaires et transportant chaque année, çà et là, sur ce sol les familles et les groupes d'hommes ». Et il en conclut que ces familles, ces groupes n'ont point un droit de copropriété. Mais ce que Fustel appelle avec hésitation la propriété des chefs, il resterait à voir si elle n'est point une conséquence de leur pouvoir, de leur souveraineté, s'il n'y avait point chez les chefs et chez les associés confusion entre les droits publics et les droits privés, si le sentiment du droit individuel, sans lequel il n'y a ni propriété ni copropriété, existait dès lors.

(1) Rapprocher cette note du *Mouvement socialiste* (1912 p. 82) sur *le droit du locataire et sa réalité* :

Le *Mouvement socialiste* me demande quelle est la situation du locataire en face du propriétaire ?

Cette situation très connue des juristes peut être exprimée ainsi : le locataire possède et pourtant il ne possède pas.

Je rappelle qu'on distingue deux sortes de droits patrimoniaux, le droit réel et le droit personnel ou créance : le droit réel qui est la possession légitime, la possession garantie par l'Etat, la créance qui est le rapport de confiance légitime. Or le locataire possède ; il a les deux attributs du droit réel, à savoir le droit de préférence et le droit de suite. Il

Les droits ne sont pas illégitimes en soi pourvu qu'ils aient une origine légale. Ils ne le sont que par rapport au titulaire préférable. Celui-ci a, s'il le veut, quand il le veut, pour les faire évanouir, une action. Mais comment des tiers sans droit pourraient-ils faire valoir cette action que ce propriétaire n'intentera d'ailleurs peut-être jamais ? Ils ne le peuvent pas plus qu'ils ne pourraient opposer à la revendication d'un usufruitier que celui-ci abuse de sa jouissance.

En somme on joue sur les mots, on abuse d'une formule : le *jus in re*. Mais cette expression est une manière de s'exprimer, dont on ne peut

a le droit de suite : si le propriétaire vend son immeuble le locataire reste locataire en présence du nouveau propriétaire. Il a le droit de préférence : si le propriétaire est mis en faillite, les créanciers reçoivent un dividende, ils sont payés en monnaie de faillite, mais le locataire reste locataire : pourtant, avec son droit de suite et son droit de préférence, le locataire est considéré par notre loi comme un simple créancier. Il en résulte ceci : il n'a pas les actions en justice qui accompagnent le droit réel, action possessoire et action en revendication, il ne peut guère se défendre que par et contre son propriétaire, il a une possession précaire, un droit reflet. Pourquoi ce cas ? Le locataire revendique maintenant son rang : il est chez lui en fait, il doit être chez lui en droit ; quand il réclame des lois nouvelles ou l'application des lois, particulièrement des lois sur la santé publique, on lui oppose le respect de la propriété ; par leur action collective, les locataires seront propriétaires dans leur droit ; ils invoqueront eux-mêmes le respect de toute la valeur que renferme la propriété.

faire la base d'une théorie. Elle résume ; elle ne définit pas. *Jus in re*, dit-on, par conséquent droit unique.

Mais, répond Ihering (*Esprit du dr. romain,* trad. fr., t. 4, p. 35), « où donc est-il écrit que la nature du droit sur la chose consiste à ne pouvoir être primé par personne ? La possession, dans son idée originaire, n'est autre chose que la propriété sur la défensive... On ne peut dénier à la possession de bonne foi d'être un droit sur la chose. On ne s'y serait pas trompé, si la législation n'avait consacré l'idée de la propriété et de la protection qui lui est due que dans cette forme rudimentaire. Mais, à côté d'elle, le droit romain a créé la forme plus énergique de la revendication, et c'est uniquement à cause de cela que l'on n'a pas reconnu jusqu'ici la possession de bonne foi comme une forme de propriété. On l'a laissée se confondre avec l'action Publicienne (1). Cette classification systématique et la conception qui s'y manifeste seraient exactes si la Publicienne était uniquement créée pour le propriétaire et était ainsi liée à la preuve de la propriété. Mais, comme elle est précisément destinée à remplacer cette preuve par une autre

(1) Action romaine qui en somme permettait la preuve par titre, à peu près comme notre jurisprudence ; elle correspond à la décadence du formalisme primitif.

plus facile que le non propriétaire aussi peut fournir, elle devient par cela même le moyen de protéger un rapport matériel indépendant, existant en dehors et à côté de la propriété. Aussi longtemps que ce rapport ne succombe pas dans un conflit avec l'une ou l'autre, ces rapports se meuvent dans leurs sphères déterminées avec toute la force et toute l'autorité d'un droit. Que ce droit puisse parvenir à disparaître, peu importe ; son autorité antérieure ne saurait être déniée ».

Nous ne pouvons pas accepter tout à fait ces considérations. La *rei vindicatio* (la revendication) protégeait un droit plus fort que la Publicienne, non par suite de sa nature, de son mécanisme, mais parce qu'on se servait de la revendication quand on pouvait invoquer l'usucapion. En soi, elle permettait, sans doute, au contraire, de protéger un droit simplement relatif. Et la tendance à considérer le droit relatif comme un droit à part fut, à notre avis, une conséquence de la Publicienne. Dans l'édit Publicien, nous voyons d'abord confondus le cas de celui qui a acquis du propriétaire et de celui qui n'a pas acquis du propriétaire. Mais, plus tard, chez les classiques, le premier était différencié de l'autre ; celui-là, on l'appelait *dominus*. On évitait de l'appeler possesseur de bonne foi. Nos sources, qui nomment trois fois celui qui a acquis du propriétaire « acheteur de bonne foi », ne le désignent pas une seule fois comme possesseur de bonne foi. Le goût de classification des juristes romains était mis en éveil par des jugements sur la bonne foi avec une appréciation toute différente sur l'acquéreur tenant du propriétaire et l'acquéreur *a non domino*. Il en était autrement avant la Publicienne, alors qu'il s'agissait d'examiner, sans que se posât la question de bonne foi, l'accomplissement de formalités, de rites qui étaient les mêmes pour tous deux. Et, plus tard, dans les Pandectes, la séparation est encore plus nette ; c'est, d'un côté, le droit acquis *a domino*, peu importe qu'il le soit par les rites de la mancipation, de l'*in jure cessio* (revendication simulée), ou par simple tradition ; ce droit est défendu par la revendication. Et c'est, de l'autre, le droit acquis *a non domino*, celui protégé par la Publicienne. Une Publicienne, d'ailleurs, théorique, confondue en fait avec la revendication. Et l'opposition des droits comme celle des actions est, elle-même, plus formelle que pratique ; d'où l'imprécision du langage : « il est possesseur de bonne foi et il a la propriété », dit un texte d'Ulpien. Ce texte est suspect, mais, s'il ne nous livre pas la pensée du jurisconsulte, en tous cas il nous fait connaître celle qu'imposèrent, après lui, malgré les distinctions d'école, la pratique et la jurisprudence.

Ainsi s'explique historiquement que les juristes aient opposé la possession de bonne foi à la propriété, aient exigé que cette dernière fût absolument unique.

Cela s'explique-t-il logiquement ? *Jus in re*, droit réel, est-ce bien, au fond, un droit sur la chose ? Certainement non. Kant le dit : « la définition ordinaire du droit sur une chose (*jus reale, jus in re*), à savoir « le droit envers tout possesseur de cette chose », est une bonne définition de mots. Mais qu'est-ce qui fait que je puis revendiquer une chose extérieure auprès de quiconque en serait le détenteur et le contraindre (par la revendication) à m'en remettre la possession ? Ce rapport juridique extérieur serait-il un rapport immédiat de mon arbitre à une chose corporelle ?

Il faudrait alors, le devoir correspondant toujours au droit, que celui qui pense que son droit ne se rapporte pas immédiatement à des personnes, mais à des choses, se représentât (bien que d'une manière obscure) la chose extérieure comme demeurant obligée à l'égard de son premier possesseur, quoiqu'elle fût sortie de ses mains, comme se refusant à tout autre soi-disant possesseur, puisqu'elle est déjà obligée vis-à-vis du premier ; de telle sorte que mon droit, semblable à un génie qui accompagnerait les choses et les garantirait de toute attaque extérieure, me signalerait toujours le possesseur étranger. Il est donc absurde de concevoir l'obligation d'une personne envers des choses et réciproquement, quoiqu'il soit très permis de rendre sensible par cette image le rapport juridique et de s'exprimer ainsi » (*Métaphysique de la doctrine du droit*, trad. Barni, p. 88 et sq.).

Je rappelle pour terminer que, de même que la propriété se prouve aujourd'hui par jugement, de même elle s'acquerrait à Rome, sous les actions de la loi, par *in jure cessio*, revendication fictive ; dans cette revendication, comme dans la mancipation, il y avait un seul personnage agissant, qui n'était pas l'aliénateur, mais l'acquéreur ; la formule qu'il prononçait, où il s'affirmait, se déclarait, se proclamait propriétaire, faisait son droit ; et, à la guerre, c'était — c'est — la lance —, puis le pacte imposé de paix, qui faisait — qui fait — le droit du vainqueur.

II

La Confiance (1899)

LA CONFIANCE (1)

C'est une question singulièrement complexe et apparemment insoluble que celle de la responsabilité délictuelle.

Elle était simple dans une législation comme la législation romaine, où l'homme avait des droits et des obligations limités, donnés par la cité, imposés par elle. On n'y connaissait pas le contrat, mais des contrats, le délit, mais des délits, le droit, mais des droits. On savait donc exactement le cercle d'activité de chacun, l'étendue et les limites de sa personnalité juridique ; on pouvait dire avec précision le moment où l'action devenait licite, celui où elle cessait de l'être.

Particulièrement on ne connaissait point, on n'avait point à connaître, en principe, un rapport juridique entre personnes non liées par contrat :

(1) Cet essai sur *le contrat et la responsabilité* est extrait de la *Revue critique de législation* (juin 1899). On trouvera plus loin le risque produit de l'économie collective (du capital qui porte en lui l'assurance) et la décomposition du contrat en actes et en procédures de créances.

chacun, en effet, vivait comme isolé dans ses droits et dans ses obligations ; il en résultait que la responsabilité délictuelle naissait du délit lui-même : alors seulement se formait un rapport qui était un rapport de lutte.

Mais l'individu aujourd'hui se considère comme ayant le droit. L'homme est libre : il n'a pas seulement des droits définis, il a une personnalité respectable, une liberté qui n'a d'autre limite en face de celle de son semblable que la liberté même de celui-ci. Comment concilier ces droits, ces libertés absolus en eux-mêmes ? C'est ce conflit des libertés et des droits qui constitue aujourd'hui le problème de la responsabilité juridique.

I

LA FORMULE CLASSIQUE DE LA RESPONSABILITÉ

Voici la formule qui en prétend donner la solution.

Pour qu'il y ait responsabilité délictuelle, obligation de réparer le préjudice causé à autrui, il faut :

1º Un acte accompli sans droit,

2º Un acte portant atteinte au droit d'autrui,

3º Une faute ou un dol.

Je vais prendre successivement les différents éléments de cette définition, montrer qu'ils s'impliquent l'un l'autre, qu'ils posent, sans le résoudre, le problème de la responsabilité. Je le fais parce que, pratiquement, cette tentative s'impose. Il faudrait donc :

1° Un acte accompli sans droit. Or, c'est là une manière de s'exprimer commode, certes, mais inutile et dangereuse.

Inutile : car ce qui fait d'un acte qu'il est accompli, comme l'on dit, sans droit, c'est qu'il porte injustement atteinte au droit d'autrui.

Un acte paraît accompli sans droit s'il dépasse les limites d'un droit défini — droit de propriété par exemple ou droit de saisie, etc. — et qu'il n'est plus que la manifestation même de notre liberté : alors la responsabilité pourra naître, mais non point parce qu'il y aura acte accompli sans droit : simplement parce qu'il pourra y avoir acte accompli contre le droit d'autrui.

Or l'expression « acte accompli sans droit » n'est pas seulement inutile ; elle est dangereuse ; elle a contribué à rendre inexplicable et inapplicable cette théorie de la responsabilité, à obliger la jurisprudence à la délibérément violer.

Montrons le de suite, en opposant à cette formule celle qui explique et fait rentrer dans la règle la pratique de nos tribunaux : la responsabilité suppose, au contraire, un acte qui soit l'exercice d'un droit — d'un droit en conflit avec d'autres droits.

Donc point de responsabilité pour celui qui n'a pas l'exercice des droits : l'individu incapable de contracter n'est pas responsable contractuellement.

Au point de vue de la responsabilité délictuelle, *chaque homme étant aujourd'hui une personne* juridique, cette idée se trouve difficile à pratiquement observer. Toutefois elle a été mise à l'épreuve en ce qui concerne les *personnes morales*; elles n'ont juridiquement qu'une existence limitée ; elles ne peuvent être, elles ne peuvent agir que par le droit, que conformément au droit : donc, a-t-on dit, elles ne sauraient commettre de délits, elles ne sauraient agir sans droit. Pratiquement, il résulterait de cela qu'elles auraient des droits sans devoirs et que, sous prétexte que leur existence juridique est limitée, elles auraient des droits sans limites. Cela, les tribunaux ne pouvaient l'admettre : la personne morale est responsable, simplement parce qu'elle exerce des droits qui peuvent porter injustement atteinte au droit d'autrui.

La formule que je combats était pratiquement suffisante, à condition, nous le verrons, de ne point trop préciser, quand on avait à régler le conflit entre notre liberté et un droit défini, tel que la propriété, tel encore que le droit à la protection de notre personne : alors en effet l'exercice de la liberté et l'atteinte au droit semblent se confondre si bien, que l'on peut dire, à la rigueur, qu'il y a responsabilité parce qu'il y a acte accompli sans droit ; et cela d'autant plus que, dans ces hypothèses, le sentiment de la responsabilité fait partie et de notre conscience juridique et de notre conscience morale.

Mais notre principe est devenu tout à fait compromettant quand on s'est trouvé en présence de délits causés au moyen, précisément, de droits définis, de libertés réglementées : droit de propriété, droit d'ester en justice, liberté du commerce, de l'industrie, droit de congé dans le louage à durée indéterminée, etc... Alors il a semblé qu'il ne pouvait jamais y avoir responsabilité : et ainsi, plus nous aurions de droits, et moins nous serions responsables, et moins donc nous aurions de devoirs. Pour échapper à cette contradiction pratique, on a construit la théorie artificielle et théoriquement contradictoire de l'abus du droit; nous serions responsables, en principe, quand nous agissons sans droit, et, par exception, quand nous exerçons abusivement notre droit. Or cette exception, c'est la règle même : nous sommes obligés parce que nous exerçons notre droit contre le droit d'autrui (1) ; alors seulement il peut être question de résoudre le conflit entre notre liberté et la liberté d'autrui.

Donc, pour qu'il y ait responsabilité, il faut 2° : qu'il y ait atteinte au droit d'autrui.

Mais alors notre responsabilité semble devenir sans limite. Tandis qu'elle disparaît dans la théorie logique de l'acte accompli sans droit, elle paraît s'étendre indéfiniment dans la théorie de l'acte accompli en exerçant notre droit. Et, en effet, tout intérêt, en principe, tout élément de notre patrimoine, toute manifestation de notre liberté, constitue un droit : or, j'ai l'obligation, en exerçant mon propre droit, de ne pas porter atteinte au droit d'autrui.

Comment nous libérer de cette contradiction ? C'est là le nœud de la difficulté : il s'agit de savoir de quelle façon le principe de responsabilité limite la concurrence vitale, quand il nous défend de nuire à autrui, quand l'intérêt d'autrui devient par rapport à nous un droit.

Remarquons que quand l'on dit : Je suis

---

(1) Rapprocher de ce développement le chapitre IX (« la mesure »).

obligé de ne pas porter atteinte au droit d'autrui, on fait une pétition de principe ; car nous ne sommes obligés envers les autres qu'autant qu'ils ont des droits contre nous, et, d'autre part, c'est parce que nous sommes obligés envers eux qu'ils ont des droits contre nous ; cela semble faux quand les autres exercent des droits définis, tels, encore une fois, que le droit de propriété : alors il semble que les autres ont contre nous des droits, simplement et sans plus parce qu'ils ont des droits. C'est inexact. Je suppose, avec un arrêt, qu'un individu détruit des constructions, des plantations, qui sont l'œuvre de quelqu'un qui ne justifie ni de sa propriété ni même de sa possession légale, qui n'a qu'une possession de fait ; eh bien, celui qui a détruit ces plantations, ces constructions, sera responsable ; il sera responsable, parce qu'il a porté atteinte à la liberté d'un autre : celui-ci par rapport à celui-là a un droit. Et maintenant, je suppose, au contraire, un véritable propriétaire, un *dominus*, et qu'une autre personne récolte les produits de son champ : il y a atteinte à un droit défini, donc, apparemment, toujours responsabilité ; eh bien, nous savons que ce n'est pas vrai, si celui qui a pris la récolte est un possesseur de bonne foi, un possesseur qui avait des raisons de se croire lui-même propriétaire : par rapport à lui, le *dominus*, en ce qui concerne du moins les fruits — et nous verrons que la jurisprudence est allée beaucoup plus loin — par rapport à lui, le propriétaire est sans droit.

Ainsi le problème se précise : il ne s'agit pas de savoir si, d'une façon absolue, il y a atteinte à un droit ; il s'agit de savoir s'il y a atteinte à un droit qui existe par rapport à nous ; s'il y a, en d'autres termes, de notre part, obligation. Et il pourra y avoir obligation sans que la victime ait à nous opposer un droit défini : car il reste à cette victime la liberté ; et il pourra, au contraire, ne pas y avoir obligation quoique la victime ait à nous opposer un droit défini, car il reste, — et ici j'anticipe, — notre liberté.

Donc trouver l'obligation qui nous lie à autrui indépendamment de tout contrat, tel est le problème à résoudre. Je répète qu'en droit romain il ne se posait pas, il ne pouvait pas se poser ainsi : ce qui le complique aujourd'hui, c'est que, à côté des droits définis, il y a le droit, il y a la liberté, il y a la personnalité. On a eu le tort, à mon avis, de vouloir résoudre, avec des éléments romains, un problème qui comporte aujourd'hui d'autres éléments.

Examinons donc quelle est la nature du rapport qui limite et qui concilie nos libertés concurrentes.

J'estime que la nature de la faute va nous fournir la réponse (1), et je dis de suite : il y a abus du droit, il y a atteinte au droit simplement parce qu'il y a faute.

II

LA FAUTE

I. — Doctrine et jurisprudence sur les accidents du travail.

Mais qu'est-ce que la faute ? Toute faute suppose la méconnaissance d'un devoir. Quel est donc notre devoir juridique envers autrui ? Pour savoir quand il y a faute, il faut savoir quand il y a obligation.

Pourtant on s'est longtemps contenté de définir de façon vague la faute : une imprudence, une négligence ; et cette définition semblait suffisante théoriquement du moment que la faute n'était qu'un des éléments de la responsa-

(1) La faute est le seul des trois éléments que connaisse l'article 1382.

bilité, qu'elle n'en était point la base et la raison d'être ; elle semblait aussi suffisante pratiquement, parce que notre sentiment du droit nous permettait très généralement de dire sans plus d'analyse : dans cette circonstance, il y a faute ; en d'autres termes, dans telle circonstance, il y a manquement au devoir social.

Mais des rapports récents se sont formés, des rapports anciens se sont développés, qui ont fait se poser, je puis dire, de nouveaux cas de conscience juridique.

Particulièrement intéressante à ce point de vue est l'élaboration doctrinale relative à la responsabilité des accidents du travail.

Conformément aux principes de la responsabilité délictuelle, la jurisprudence exigeait : 1º un préjudice ; 2º une faute ; 3º la preuve par l'ouvrier de ces deux éléments. Une faute, mais quelle faute ? Le patron répond de ses actes, l'ouvrier répond des siens ; donc, théoriquement, il faudra que l'ouvrier démontre une imprudence du patron, et le patron pourra se libérer en prouvant l'imprudence de son ouvrier. En fait, ce n'est pas tout à fait ce que nous constatons à la lecture des arrêts : il y avait faute du maître quand il n'avait pas prévu les causes, non seulement habituelles, mais simplement possibles d'accidents, afin de prendre les mesures nécessaires pour les éviter ; il devait disposer de tous les appareils protecteurs requis par les réglements, de tous ceux d'usage courant dans les usines similaires de la région, de tous les moyens de sauvetage suffisants pour atténuer les conséquences d'un accident. Ainsi responsabilité, non seulement pour les accidents que le patron a directement causés par son imprudence, mais encore de ceux qu'il n'a pas su empêcher ; et responsabilité même d'accidents que l'ouvrier aurait pu éviter s'il n'avait commis aucune imprudence, s'il n'avait fait preuve d'aucune négligence : responsabilité donc même de la faute — au sens classique — de ses ouvriers. Cela, la jurisprudence l'affirmait nettement : le patron est responsable de l'emploi fautif du personnel ; en d'autres termes, il peut être responsable envers eux de leurs propres fautes ; par exemple, un industriel pouvait être responsable s'il avait fait usage, pour un travail pénible, d'un ouvrier fatigué ; pour un travail dangereux, d'un ouvrier inexpérimenté. Cela était humain, cela était juste ; mais que devenait, en apparence, le principe de la responsabilité personnelle ? L'inexpérience, la maladresse, la fatigue, ce sont les causes mêmes de la faute, de l'imprudence, de la négligence ; elles ne sauraient, semble-t-il, légalement supprimer la faute.

Or la doctrine avait maintes fois protesté contre cette jurisprudence ; ce n'est pas que, d'une façon assez générale, elle s'insurgeât contre l'application presque illimitée de l'idée de faute patronale ; mais qu'au contraire, elle trouvait trop dure la situation faite à l'ouvrier ; il lui fallait, en effet, prouver la faute, le dommage, le rapport entre l'une et l'autre. Cette preuve, on la lui voulut épargner.

Et ainsi, on fut amené à ce qui est le fond même de la difficulté, à savoir chercher le rapport de droit dont la violation constitue la faute.

Ce rapport, on le chercha dans sa forme la plus nette, la plus romaine, dans une convention. Le patron, a-t-on dit, par l'existence même du contrat de louage de travail, se trouve, à l'égard de ses ouvriers, dans une situation particulière, situation qui lui interdit de les considérer, en cas d'accident, comme des tiers, auxquels nul lien ne le rattache : au patron, en effet, appartient la direction du travail dont l'ouvrier a l'exécution. Or « la responsabilité est le corrélatif nécessaire et inséparable de l'autorité. C'en est l'ombre... La responsabilité naît avec l'autorité, grandit avec elle, décroît avec elle, cesse avec elle, tel l'angle de réflexion égale toujours l'angle d'incidence ».

Par un vigoureux effort, qui fait particulièrement honneur à notre doctrine, les jurisconsultes construisirent, en s'inspirant de cette idée, le contrat de louage de services ; l'obligation de « garantie » du patron, on la fit découler tacitement de la convention entre le maître et l'ouvrier : l'un a dû promettre à l'autre protection dans la mesure où il a sur lui autorité ; d'où notamment cette conséquence qu'il suffira à l'ouvrier de prouver l'existence d'un préjudice professionnel pour obtenir réparation : le patron, conformément aux règles de la responsabilité contractuelle, est, jusqu'à preuve contraire, en faute par cela seul que sa promesse de garantie se trouve inexécutée.

Mais quelle est l'étendue de cette promesse tacite du maître ?

Les premiers promoteurs de la théorie — notamment MM. Sainctelette et Sauzet — soutinrent que celui-ci devait assurer tout à fait à l'ouvrier la vie, la sécurité. Il lui a promis de le rendre intact à lui-même : le patron est débiteur, l'ouvrier est créancier de sûreté.

Tout en adoptant le système contractuel, M. Labbé ne pensa point qu'on pût sans injustice le pousser jusqu'à ses dernières conséquences On ne pouvait suivre MM. Sainctelette et Sauzet lorsqu'ils prétendaient assimiler l'ouvrier à un pur instrument de travail, lorsqu'ils soutenaient que ce dernier, abandonnant toute volonté,

toute initiative, avait renoncé à se protéger lui-
même contre les dangers de sa profession ; il
aurait fallu, pour garantir ainsi l'ouvrier, à côté
du contrat de travail un véritable contrat
d'assurance. Il était d'ailleurs nécessaire d'écarter
a priori toute formule rigide n'admettant point
de distinction suivant les hypothèses. Il fallait
tenir compte de l'équité, des usages (art. 1135
et 1156 C. C.) ; donc on dira de façon générale
que le maître a promis de prendre toutes les
mesures propres à préserver l'ouvrier des dangers
inhérents à l'industrie exercée. Une observation
attentive de la réalité, une analyse pénétrante de
la jurisprudence avaient conduit aux proposi-
tions suivantes : « le maître garantit la bonne
détermination de ses ordres, le bon état, l'aptitude des instruments qu'il fournit, l'emploi
judicieux des moyens les plus sûrs de préserva-
tion... » Plus l'indépendance de l'ouvrier est
restreinte, plus son activité est soumise à la
direction d'autrui, plus sont grands les devoirs
du patron ; c'est la simple application de cette
formule : la responsabilité est proportionnelle à
l'autorité.

Ainsi on demandait à la volonté, à la liberté
du patron l'obligation qu'on lui prétendait im-
poser ; on faisait reposer sur elle la confiance
dont on estimait que l'ouvrier avait besoin, la

créance à laquelle on pensait qu'il avait droit ; et cela, on le faisait pour répondre à un sentiment d'humanité, à un besoin de justice, parce que l'ouvrier était dépendant, parce qu'il avait dans l'industrie des risques qui n'étaient pas en rapport avec ses chances de gain, en un mot parce qu'il était pauvre, parce qu'il était faible, et qu'il fallait, en le protégeant, répondre aux exigences actuelles et toujours plus impérieuses de charité, de justice. Et ce contrat on le voulait tout à fait souple, conforme à l'équité et aux usages, conforme aussi aux transformations que peuvent subir et l'usage et même le sentiment de l'équité.

J'ai dit que ce droit de l'ouvrier, on prétendait l'appuyer sur la volonté, sur la liberté du patron. Cela n'est pas tout à fait exact. Car une responsabilité que crée un contrat, un contrat, semble-t-il, doit avoir la force de la supprimer ; une obligation qui naît de la liberté, la liberté la doit pouvoir anéantir. Or la plupart des auteurs estimaient qu'une clause d'irresponsabilité ne pouvait être insérée dans le contrat qui lie l'ouvrier au patron ; et ils étaient obligés de le décider ainsi, sous peine de voir leur système tourner peu à peu, en tout cas susceptible de tourner, au détriment de l'ouvrier, par le moyen d'une clause de style.

La jurisprudence française ne crut pas possible ni nécessaire l'existence de ce contrat tacite et forcé, de cette fiction de contrat. Pour elle la responsabilité naît de la situation même où se trouvent, l'un par rapport à l'autre, maître et ouvrier. La dépendance en laquelle celui-ci est par rapport à celui-là lui paraît une cause suffisante d'obligation. Or remarquons que, quant au fardeau de la preuve, cette jurisprudence n'était pas au fond plus défavorable à l'ouvrier que ne l'était la doctrine contractuelle telle qu'elle avait fini par se formuler ; dans cette doctrine, le patron, conformément aux usages, à l'équité, avait promis de protéger l'ouvrier contre ses abus d'autorité et contre les dangers de son matériel d'industrie ; il fallait donc que l'ouvrier prouvât soit cet abus, soit ce danger, démontrât la condition à laquelle le patron avait subordonné son obligation de sûreté. Eh bien, c'est là exactement la preuve dont en fait nos tribunaux avaient fini par se contenter. La jurisprudence, conformément à la théorie ayant cours, admettait autrefois que, pour fonder la responsabilité civile, « il suffisait du fait matériel d'un dommage se rattachant comme cause directe à une faute personnelle, c'est-à-dire au fait de la part de l'agent d'avoir été en mesure de le prévoir et de ne l'avoir point fait, elle se contenta ensuite d'un dommage se rattachant par un lien quelconque à un fait fautif, à un fait qui, suivant les usages reçus, implique acceptation des risques, et sans rechercher si ce fait pouvait être ou non prévu, s'il était humainement possible ou non de l'empêcher ». Ainsi la jurisprudence, on l'a dit très fortement, faisait le patron responsable de « tous les risques de son activité ». Elle lui imputait une faute qui était caractérisée et prouvée « par sa matérialité même » (1).

Et ce n'est point tout à fait par hasard que la jurisprudence et la doctrine étaient ainsi pratiquement d'accord : c'est, en effet, nous l'avons vu, en s'appuyant sur les usages, sur l'équité, usages et équité dont la jurisprudence elle-même avait fourni les éléments, que les auteurs avaient construit leur contrat de responsabilité patronale.

Dirai-je donc que pour les tribunaux il y a responsabilité toutes les fois qu'il y a risques de l'activité ? Soit : mais qui supporte les risques ? Or nous constatons que le patron est responsable même de certaines imprudences de ses ouvriers. Dirai-je alors que toute activité qui absorbe d'autres activités est responsable, soit de ses risques, soit des leurs ? Cela me paraît plus

_____

(1) SALEILLES, *Les accidents du travail et la responsabilité civile (essai d'une théorie objective de la responsabilité délictuelle)*, (Paris, 1897).

exact ; ce n'est pas tout à fait exact. Déjà l'évolution de la jurisprudence sur les accidents du travail montre qu'à une même autorité les tribunaux n'ont pas toujours attaché une même responsabilité : ils ont fait varier particulièrement cette responsabilité suivant l'usage et l'équité, suivant que se développait le mouvement d'opinion, de législation, en faveur de l'assurance contre les accidents du travail. Il y avait donc pour nos juges une autre cause de responsabilité que la dépendance matérielle de l'ouvrier.

Mais je trouverai des raisons plus précises de ne pas conclure, de chercher ailleurs si, sans même abandonner le risque professionnel, j'examine d'autres rapports où la responsabilité de l'agent n'est pas du tout en raison de l'état de dépendance de la victime. Il me suffit pour cela de supposer que l'activité, en même temps qu'elle s'exerce au profit d'autrui, comme l'activité de l'ouvrier s'exerce au profit de l'entreprise, ne soit pas, à la différence de celle-ci, absorbée et dominée, mais bien au contraire absorbe et domine. Soit, par exemple, un médecin qui opère un patient : d'après notre jurisprudence ce médecin n'est pas responsable de ses erreurs scientifiques ou professionnelles s'il n'y a pas de sa part inobservation des règles communes de prudence et d'attention. Or, de même que l'on a cherché à expliquer par le moyen d'un contrat la responsabilité du patron, de même on a voulu justifier par une convention l'irresponsabilité partielle du médecin ; seulement, comme cette convention serait un contrat tacite d'irresponsabilité, la doctrine, hostile à ce genre de clauses, a hésité.

Pourtant cette irresponsabilité est légitime : elle est nécessaire au médecin dont elle favorise l'activité et, ainsi, indirectement elle est utile au malade. Le médecin agit parce que son irresponsabilité partielle lui permet d'agir ; de même que l'ouvrier agit parce que, lui aussi, grâce à la responsabilité du patron, il peut librement agir, il travaille en sécurité. En d'autres termes le médecin exerce tranquillement sa profession, et l'ouvrier son métier, parce que la confiance que donne à celui-là sa propre irresponsabilité, à celui-ci la responsabilité très grande de son patron, leur assure à l'un et à l'autre une libre activité, une activité protégée, soit contre ses propres risques, soit contre les risques de l'activité d'autrui.

§ II. —. *La confiance légitime trompée.*

Ici, et pour la clarté de mon exposé, je dis que, d'une façon tout à fait générale : 1º *les autres sont responsables envers nous dans la mesure où nous avons besoin d'avoir confiance en eux pour agir ; 2° dans la mesure où, pour agir, nous avons besoin d'avoir confiance en nous-mêmes, nous ne sommes pas responsables envers autrui ;* le rapport d'où naît la responsabilité est un rapport de confiance nécessaire ; l'obligation qui la crée est une obligation que crée la confiance ; et, lorsque cette obligation est inexécutée, lorsqu'il y a confiance légitime trompée, il y a faute ; alors, parce qu'il y a faute, il y a atteinte au droit d'autrui, il y a acte accompli sans droit.

Les partisans de la responsabilité contractuelle du patron sont d'accord que le droit de l'ouvrier ne peut s'expliquer que par la confiance dont il a besoin. Mais cette confiance, ils estiment qu'une promesse — tacite et forcée — est nécessaire pour la justifier.

Je veux montrer avec la jurisprudence :

1° Que ce contrat de responsabilité est une explication insuffisante ; pour cela, il me suffit de constater des espèces dans lesquelles on ne saurait trouver le contrat sur lequel serait greffée une clause de responsabilité, et où, cependant, il est impossible d'expliquer la responsabilité si l'on n'admet point ce rapport de confiance.

2° Que ce contrat n'explique rien ; et pour cela

je n'aurai qu'à montrer que le contrat au moyen
duquel on veut expliquer la confiance s'explique
lui-même et toujours ne s'explique que, précisément, grâce à un tel rapport de confiance. Je
montrerai, en d'autres termes, que ce rapport
est à la base du contrat comme il est à la base
du délit.

III

LE CONTRAT EST UNE EXPLICATION INSUFFISANTE

Il va de soi qu'on ne peut supposer, même par
fiction, un contrat de responsabilité qu'entre
personnes s'étant mises auparavant en rapport
de droit, qu'entre personnes liées par contrat.

Dans tous les autres cas, comment expliquer
la responsabilité ? J'ai montré que, si l'on prend
ses trois éléments classiques comme trois éléments qui s'ajoutent l'un à l'autre, on n'obtient,
logiquement et pratiquement, que contradictions
et incohérences, et que, d'autre part, si on les
prend comme étant chacun une cause suffisante
et comme étant tous une même cause de responsabilité, encore faut-il trouver le rapport
dont la violation constitue une faute, une atteinte
au droit d'autrui, un acte accompli sans droit,
un abus du droit. Je dis que ce rapport est un

rapport de confiance légitime, même dans les hypothèses où il n'y a pas entre l'agent et la victime un rapport contractuel préexistant. Il me suffirait, pour le constater, de prendre n'importe quelle hypothèse, la plus sommaire, comme la plus complexe : un individu passe devant une maison que l'on répare ; une pierre tombe et le blesse : l'ouvrier qui laisse tomber cette pierre est-il responsable ? Oui, si la victime devait compter passer tranquillement ; non, si elle avait pu être prévenue, par quelque signe, qu'il y avait danger à se promener devant la maison.

Mais, pour préciser ma démonstration, pour empêcher que l'on puisse parler de façon vague, soit d'acte accompli sans droit, soit de faute, pour montrer que ces expressions n'expliquent rien et qu'il s'agit de chercher le rapport d'où naît la faute, je veux prendre des situations dans lesquelles nous sommes obligés, pour décider, de prendre conscience de nos motifs, d'analyser notre pensée.

§ I. — 1° *Il y a exercice d'un droit défini.*

Alors la jurisprudence examine si le droit a été exercé conformément à ce que l'on pouvait penser, étant donné l'intérêt général, les usages, la raison pour laquelle le droit a été créé, etc... ;

elle se demande si on a abusé de la tolérance qu'on se doit entre voisins, si on a manqué à la loyauté qu'on se doit entre concurrents ; elle recherche si l'on n'a pas agi d'une façon intempestive, si, par exemple, le propriétaire qui fait des fouilles a prévenu le propriétaire d'à côté, afin que celui-ci puisse se mettre en mesure de préserver son édifice contigu contre le danger d'un écroulement, si le patron qui congédie son employé ne l'a pas fait trop brusquement, sans donner les délais d'usage, sans invoquer de motifs légitimes, dans des conditions telles enfin que l'employé ne devait pas s'attendre à un renvoi et n'avait pas, si j'ose dire, les moyens de se retourner.

Donc, responsabilité parce qu'a été trompée la confiance nécessaire que crée un certain milieu.

§ 11. — 2° *Il y a atteinte à un droit défini.*

Alors, il se peut qu'il n'y ait pas responsabilité, quoique le droit ait été régulièrement acquis en la forme et au fond ; il se peut, au contraire, qu'il y ait responsabilité, quoique le droit n'ait pas été régulièrement acquis.

Je prendrai comme exemple la propriété.

Section I

a) Tout d'abord je suppose *un individu qui exerce ce droit sans l'avoir formellement*, sans être ni propriétaire ni même possesseur. Dans ce cas nous avons déjà vu que les tribunaux reconnaissent qu'il y a lieu à réparation si un tiers vient troubler celui qui agit : il manifeste sa liberté, cela suffit.

Section II

b) Soit maintenant une *personne qui a acquis a non domino*. Elle se conduit comme si elle était le véritable propriétaire, construit, détruit, prend la récolte. Sera-t-elle responsable envers le propriétaire ? Non, si elle est possesseur de bonne foi, si elle croit — pratiquement si elle a des raisons de croire — qu'elle est elle-même le véritable propriétaire, qu'elle a acquis *a domino*. Elle ne devra pas la restitution des fruits. Elle ne sera pas responsable des détériorations qui proviennent de son fait, si ce n'est à concurrence du profit qu'elle en aurait retiré. Et, si elle a disposé d'un objet mobilier, elle ne sera tenue qu'à la restitution du prix qu'elle en a obtenu. A-t-elle construit ou planté, elle aura droit à indemnité de la part du propriétaire qui revendique.

Ainsi sa croyance, non seulement la rend

irresponsable envers le propriétaire, mais rend le propriétaire responsable envers elle.

La jurisprudence va beaucoup plus loin et décide que même la revendication échoue contre l'acquéreur de bonne foi, s'il a traité avec une personne que l'on pouvait légitimement considérer comme héritière d'une autre, s'il a acquis d'un *héritier apparent* : contre cet acquéreur, et, d'une façon plus générale, contre ceux qui de bonne foi ont reçu de cet héritier des droits, la pétition d'hérédité demeure vaine.

Or, ce n'est là qu'une application de l'idée de responsabilité. Il est vrai que juridiquement *la revendication* est une action de nature réelle ; ce n'en est pas moins une *action délictuelle*, une action qui a sa cause dans une atteinte au droit d'autrui ; mais, comme elle réprime un délit que tous peuvent commettre, elle est munie du droit de suite, et, comme elle tend à une abstention, elle est tout naturellement munie aussi du droit de préférence. Au fond, il n'y a pas à ces deux points de vue de différence fondamentale entre elle et une action délictuelle quelconque ; la vraie différence consiste en ce que, conformément au droit romain, nous étudions la propriété en elle-même, tandis que nous ne nous soucions, à ce point de vue, de la personnalité que quand elle se trouve violée : sans doute celle-ci se manifeste 'oujours par une action personnelle ; mais cette action n'est que la garantie d'un droit qui, tout comme la propriété, existe manifestement *erga omnes*.

Il est vrai aussi pratiquement que ce n'est pas, du moins d'une façon générale, en invoquant l'idée de responsabilité que la jurisprudence justifie les solutions que j'ai dites. Mais ce n'est encore là qu'une apparence.

En effet, les tribunaux défendent, et défendent âprement, leur doctrine au moyen de *l'idée de crédit* public ; ils font valoir que des solutions contraires seraient pour rendre incertaines toutes transactions. Mais qui ne voit que cette notion du crédit public n'est autre chose, sous une forme à peine différente, que *la notion* même *de légitime confiance ?* Il faut, quand nous agissons, que nous sachions à quoi nous en tenir, il faut que nous sachions si nous agissons bien ou mal, qu'il soit question de faits ou de droits, et quand la loi ne nous fournit pas d'autre guide, nous n'avons pour cela de garantie que dans le sentiment même que nous avons de bien agir, d'agir conformément au droit, et dans le sentiment que nous avons que nos semblables agissent bien, qu'ils agissent eux aussi conformément au droit. Tant pis pour eux s'ils n'agissent point, tant pis pour eux si, ayant des droits, ils ne les exercent

pas, ils ne les revendiquent pas : *jura vigilan-
tibus prosunt*. Si, malgré ma croyance légitime
en la régularité de mon droit, *en la normalité de
mon activité*, j'étais responsable, si je courais des
risques, il n'y aurait pas plus liberté sociale
qu'il n'y aurait de liberté morale si j'étais trompé
par la conscience que j'ai du bien et du mal. La
liberté suppose précisément que, étant donné un
milieu déterminé, il dépende de moi que je me
conduise conformément à ses lois, elle suppose
que je puisse moi-même qualifier mon activité.
J'ai agi en vertu d'une *croyance légitime* : je ne
dois pas être responsable. J'ai trompé par action
ou par omission la confiance dont autrui avait
besoin : je suis responsable. Cette doctrine est
vraie parce qu'elle est nécessaire ; c'est ainsi que
le droit corrige, *utilitatis causa*, ses propres lacunes :
notre croyance en la loi est notre véritable loi

Section III

c) Soit donc enfin une personne qui a *acqui a
domino*. Un tiers porte atteinte à son droit. Y a-t-
il responsabilité ? Non, nous le savons, si celui
qui a agi croyait et devait croire exercer son
propre droit. Il suffit, pour s'en rendre compte,
de reprendre les espèces dont il est question au
précédent alinéa ; nous avons vu que l'irresponsabilité du possesseur de bonne foi, non seule-

ment le met à l'abri des actions personnelles, mais va jusqu'à le protéger contre la revendication.

§ III. — 3° *Il y a responsabilité quoique, apparemment, il n'y ait pas faute.*

Je veux dire quoiqu'il n'y ait, à proprement parler, ni imprudence, ni négligence.

Les hypothèses sont innombrables ; je ne donnerai que des exemples types.

Mais, auparavant, je veux dire qu'en réalité il y a toujours faute, non seulement parce qu'il y a confiance nécessaire trompée, mais simplement parce qu'il y a lieu à réparation. Ce qui fait la faute, ce qui la caractérise en morale individuelle de même qu'en morale sociale, si toutefois l'on peut vraiment opposer ces deux morales, c'est le besoin de réparation. Toutes les fois que nous sommes habitués à voir un fait ou une abstention rendre responsables, nous disons tout naturellement : il y a faute, il y a imprudence, il y a négligence (1), et ainsi la doctrine ne discute

(1) Note ajoutée. Cf. Revue trim. 1910, p. 719 : « Le juge ne se met pas en colère. Notre technique correspond, non à la vengeance, mais à la faute : c'est le détour de la justice ». — Cf. aussi *Capital et travail*, 1909 : « On est responsable quand on est responsable, on est responsable quand on est condamné, on est responsable quand il faut payer ».

que quand la responsabilité naît de relations
auxquelles notre conscience juridique n'est point
encore accoutumée :

a) Par exemple, nous l'avons vu au sujet de
la responsabilité qui résulte des *rapports qu'a
créés la grande industrie* ; par exemple encore,
dans les cas particuliers de responsabilité auxquels donnent lieu le crédit commercial et
notamment les *titres négociables* : ainsi le signa-
taire d'un billet est obligé envers les tiers porteurs
de bonne foi si, par sa « faute », il a contribué à
faciliter la falsification du billet ; notamment,
en matière de chèques, on va jusqu'à rendre
responsable du faux une personne qui n'a pas
signé, si le tiers victime peut prouver que c'est
par la « faute » de cette personne que la signature
a été imitée. Faute, soit, puisqu'il y a eu confiance légitime trompée, mais faute qui consiste
à n'avoir pas su empêcher un tiers de commettre
un délit, donc, en définitive, responsabilité pour
autrui.

b) Or, c'est ainsi que s'expliquent tous les cas
prévus par la loi, soit de *responsabilité du fait
des choses inanimées*, soit précisément de *responsabilité pour autrui*. Ils s'expliquent, non
par l'idée d'imprudence ou de négligence, mais
tout simplement par celle de confiance légitime,
de confiance nécessaire trompée : ainsi le pro-

priétaire d'un immeuble est responsable de l'accident causé, même par un vice, par un vice caché, de construction ; ainsi les maîtres et commettants répondent du dommage causé par leurs domestiques et préposés dans les fonctions auxquelles ils les ont employés, et ils en répondent sans qu'ils puissent prouver « qu'ils n'ont pu empêcher le fait qui donne lieu à cette responsabilité ». Pourquoi ? Pourquoi ? sinon parce que nous avons tous besoin d'avoir confiance que les bâtiments devant lesquels nous passons, dans lesquels nous demeurons, ne vont point nous « causer dommage par leur ruine » ; et que l'on ne peut compter pour cela *d'après le Code* que sur les propriétaires mêmes de ces bâtiments ; pourquoi ? sinon parce qu'en acceptant l'ouvrier que le patron nous envoie nous faisons confiance et à l'ouvrier et au patron. Pourquoi la responsabilité des parents, des instituteurs pour les enfants habitant avec eux, pour les enfants à eux confiés, sinon parce que nous avons besoin d'avoir confiance en ceux-là, ne pouvant avoir confiance en ceux-ci ?

Il est frappant que presque tous ces cas de responsabilité du fait des choses ou des gens ne sont que des transformations de vieilles responsabilités matérielles, familiales, corporatives ; on se vengeait sur la chose qui avait fait mal, sur l'esclave qui avait blessé ; et alors le propriétaire avait intérêt à transiger : on se vengeait parce que l'on souffrait, sans souci de la culpabilité de la chose ou du maître : ainsi la colère de la victime faisait la responsabilité ; aujourd'hui le fait a revêtu d'autres formes juridiques, mais *c'est toujours du côté de la victime que l'on se place pour rechercher s'il y a faute* : c'est sa confiance légitime trompée qui crée la responsabilité.

c) Cette responsabilité du fait des choses inanimées, qui est la plus archaïque, elle est aussi la plus moderne, c'est la responsabilité même du machinisme, de l'industrie. C'est ici que particulièrement nous voyons des décisions qui sont pour surprendre, des décisions auxquelles nous ne sommes pas encore habitués, et que nous avons le sentiment de ne justifier que parce qu'il faut les justifier. Une locomotive en marche met le feu aux propriétés riveraines. La jurisprudence déclare la Compagnie de chemins de fer responsable, « même dans le cas où elle aurait pris, pour prévenir les incendies, toutes les précautions prescrites par l'Administration ou recommandées par la science : l'État n'ayant concédé ni pu concéder à la Compagnie le droit d'incendier les propriétés riveraines ». Ainsi, d'après nos tribunaux, il y aurait cas fortuit, puisqu'on ne pouvait éviter l'accident, et pourtant il y aurait faute, puisqu'on est tenu de le réparer. Mais où est la faute ? « Le fait seul d'employer une locomotive est une faute », nous dit une Haute Cour allemande. (Voy. Saleilles, *loc. cit.*, p. 61 en note). Donc, il y aurait faute par cela seul que nous avons agi, par cela seul que nous aurions pu ne pas agir. Mais alors, dans la vie moderne, disparaîtrait complètement ou à peu près le cas fortuit. C'est inexact : la jurisprudence fait sa part, et une part très grande, au cas fortuit et à la force majeure. Seulement, dans notre hypothèse, il n'y a pas cas fortuit : il y a un risque que l'on pouvait prévoir et que l'on pouvait prévenir ; il suffisait pour cela d'exproprier les riverains, sinon ceux-ci ont pu et dû compter être protégés ; comme le disent nos tribunaux, on n'a pas pu et dû, tout en laissant aux propriétaires leurs droits, rendre ces droits dépendants des risques de la Compagnie. Et nous arrivons, sur ce point, à la conclusion suivante : de même que ce qui fait qu'il y a faute, c'est qu'il y a confiance légitime trompée, de même *ce qui fait le cas fortuit, c'est qu'il n'y a pas confiance légitime trompée.* Je traverse brusquement la rue sans prendre garde, un cheval allant à une allure normale me blesse :

il y a cas fortuit (1) ; il y a cas fortuit précisément parce que je n'ai point de garantie de sécurité.

§ IV. — *4° Je suppose qu'il n'y a pas responsabilité quoique, apparemment, il y ait faute.*

Pourtant, dans la responsabilité délictuelle, *et levissima culpa venit.* Or, il n'est point rare que les tribunaux exigent, soit un dol, soit une faute lourde. Cela notamment :

a) S'il s'agit d'une *activité qui s'exerce au profit d'autrui* ;

b) Dans les hypothèses d'*abus de droits définis* ; par exemple, du droit d'ester en justice.

Dans la première catégorie d'hypothèses, on parle volontiers de faute commune : je suis en faute d'avoir pris un mauvais médecin diplômé. Mais alors, il faudrait supprimer la responsabilité toutes les fois que le préjudice a été causé à une personne par une autre avec laquelle la première s'était mise en rapport. En vérité, cela s'explique

(1) On parle volontiers dans ces hypothèses de faute de la part de la victime. Soit, mais sa faute provient précisément de ce qu'elle ne pouvait avoir confiance, de ce qu'elle devait prévoir, tandis que l'agent, que le cavalier ne pouvait normalement prévoir, tandis donc que l'accident est pour celui-ci un cas fortuit.

tout naturellement, comme je l'ai déjà indiqué, par l'idée qu'il faut encourager une activité utile, lui donner confiance en elle-même. De même, dans la seconde catégorie d'hypothèses, cela se comprend sans peine, le droit d'ester en justice, par exemple, supposant pratiquement des prétentions qui ne se justifient pas d'elles-mêmes, et sur la validité desquelles on peut se tromper. Ce que l'on serait seulement tenté de reprocher à la jurisprudence, c'est sa terminologie qui semble, mais qui semble seulement violer la loi ; il n'y a faute que lorsque nous n'avons pas le droit d'avoir confiance, soit dans notre activité, soit dans l'activité d'autrui.

Aussi, je ne saurais trop le répéter, ce n'est pas en elle-même, et d'une façon absolue, qu'il faut apprécier la faute, pas plus que ce n'est en lui-même, d'une façon absolue, que l'on peut apprécier le droit, soit de celui qui agit, soit de celui qui subit. C'est un rapport, c'est un rapport de confiance nécessaire qui fait la faute, l'abus du droit, l'atteinte au droit. Tel fait qui constitue une *faute ou un dol* par rapport à une personne constitue par rapport à d'autres un *acte de gestion d'affaires* : ainsi l'acte du capitaine de navire qui jette des marchandises à la mer pour sauver l'ensemble de la cargaison. Tel fait par lequel nous nous sommes volontairement causé préjudice et qui semblerait devoir enlever tout droit à la responsabilité, — *volenti non fit injuria*, — devient pour nous une source d'action : ainsi, lorsque, volontairement et utilement, une personne se dévoue, pour éviter les conséquences d'un accident dont une autre personne est responsable.

Y a-t-il croyance légitime en la *légalité*, en la *normalité* (1), soit de notre action, soit de l'action d'autrui ? Voilà ce que les tribunaux, plus ou moins consciemment, recherchent.

IV.

CONTRAT ET CONFIANCE TROMPÉE.

I. *Théorie de l'offre.* — II. *Acquisition et transfert des droits.*

J'ai montré au chapitre précédent comment, dans des hypothèses où on ne peut, même par fiction, parler de contrat, la responsabilité a dans une croyance légitime sa base juridique. Je veux montrer maintenant que c'est encore là qu'il faut la chercher, même dans les circonstances où vraiment il y a convention. Et, pour cela, je

(1) *Note ajoutée.* Cela revenait à dire (voir la conclusion) que c'est un problème de légalité, de normalité, dont la solution est affaire d'appréciation officielle.

prouverai que *ce qui fait le lien contractuel, c'est la confiance qu'inspire au créancier la promesse du débiteur.* On le constate difficilement si la promesse est valable et si l'acceptation du créancier est en conformité avec elle. Aussi supposerai-je tout d'abord une promesse nulle ou une promesse qui n'est pas conforme à l'acceptation. S'il peut y avoir contrat par cela seul qu'il y a confiance nécessaire créée, c'est bien que la promesse n'est obligatoire que parce qu'elle fait naître cette confiance.

Soit donc une promesse entachée d'un vice. Or, il suffit que le créancier n'ait pas pu connaître ce vice pour que le contrat se forme ; il suffit, en d'autres termes, que la promesse ait pu et dû inspirer confiance au créancier.

Je le montrerai, en premier lieu, pour le contrat donnant naissance à un droit personnel ; en second lieu, pour le contrat donnant aussi naissance à un droit réel.

§ 1. — 1° *Contrat donnant naissance à un droit personnel* (1).

C'est le contrat en général.

Eh bien, si un *incapable*, si une *personne qui*

---

(1) J'indique, provisoirement, que tout ce que je dis ici est vrai notamment pour ce qu'on appelle le « contrat social ».

n'a pas qualité pour contracter a dû paraître aux tiers capable, le contrat se forme : telle est la loi, telle est surtout la jurisprudence ; elle applique cette théorie au mineur qui, par ses manœuvres frauduleuses, a trompé sur son incapacité, au mandataire apparent, à la société nulle qui a eu, comme l'on dit, une existence de fait (1), etc.

Soit maintenant une *promesse viciée*, par exemple pour cause de dol ; le créancier coupable du dol ne saurait évidemment se prévaloir de sa confiance si la nullité lui est opposée. Mais, que la promesse ait pour objet une obligation destinée à circuler, une obligation constatée dans un titre négociable, le cessionnaire de bonne foi en obtiendra l'exécution ; c'est la théorie jurisprudentielle de l'*inopposabilité des exceptions au tiers porteur de bonne foi* : « Foi est due au titre » ; par cette théorie, la promesse varie, dans sa valeur et dans sa mesure, avec la valeur et la mesure de la confiance qu'elle inspire.

simple expression de la croyance que crée un groupe et qui en fait une société.

(1) J'insiste sur cette observation : voici donc une personne incapable, une personne sans qualité, une personne morale légalement inexistante, qui sont obligées par cela seul que nous avons dû avoir confiance en leur capacité, en leur qualité, en leur existence. Si elles sont obligées, c'est qu'elles ont la personnalité, car dans notre droit point d'obligation sans personnalité.

Soit enfin une *promesse* valable ; je la suppose faite *avec délai* ; il est de doctrine que l'offre est essentiellement révocable ; cependant, la jurisprudence admet que, si celui auquel l'offre était adressée a accepté dans le délai, il y a contrat quand bien même le promettant aurait auparavant retiré sa *pollicitatio*. En d'autres termes, par cela seul qu'il y a eu confiance manifestée — autrement dit acceptation — par cela seul qu'il peut y avoir confiance trompée, il y a obligation, il y a contrat.

Cela se comprend, et il n'y a pas dans cette jurisprudence de contradiction ; il est vrai que l'offre est essentiellement révocable ; une volonté, une liberté qui se lie elle-même, voilà qui est contradictoire ; mais il suffit, pour qu'il y ait contrat, que la promesse ait dû inspirer confiance, soit, dans la théorie française, à une personne déterminée, plus ou moins déterminée, — soit, dans la doctrine germanique, à une personne indéterminée.

Ainsi, de même que c'est un rapport de confiance qui fait le délit, de même c'est un rapport de confiance qui fait le contrat, que ce contrat crée seulement un droit personnel, ou qu'il crée aussi un droit réel. Expliquer un délit, par exemple le délit du patron dans les accidents du travail, en invoquant une promesse tacite et forcée, c'est l'expliquer au fond comme nous l'expliquons nous-même.

Donc *point de délit, point de contrat, sans un rapport*, sans un rapport *antérieur*, et au délit et au contrat. C'est pour cela que la législation romaine n'a jamais connu ni le délit, ni le contrat, mais des délits, mais des contrats. On peut dire, en ce sens, qu'un droit ne peut connaître le contrat que s'il connaît le délit, et inversement qu'il ne peut connaître le délit que s'il connaît le contrat.

2º *Contrat donnant naissance à un droit réel.*

Je prends pour type le droit de *propriété*.

Une jurisprudence traditionnelle admet que celui qui a un *juste titre d'acquisition* triomphe d'un usurpateur dont la possession est plus récente que son titre. Par cela seul que l'acquéreur a une croyance légitime, il exerce, sous réserve du droit du *verus dominus*, sa liberté, il agit conformément au droit (1).

---

(1) Remarquons qu'il est difficile d'expliquer la prescription acquisitive décennale de la propriété, si le prescrivant n'a pas déjà un droit au moment où il acquiert avec juste titre et de bonne foi. En effet : 1º Il suffit qu'il soit de bonne foi à ce moment, mais 2º il est nécessaire que le titre ne soit pas nul pour défaut de forme, donc il ne sert pas seulement

Nous avons vu combien la jurisprudence a poussé loin cette théorie quand l'acquéreur est ayant cause d'un *héritier apparent*. Le Code lui-même l'applique à ses extrêmes limites à celui qui de bonne foi a reçu tradition d'un *meuble* ; pour celui-là *possession vaut titre* ; en d'autres termes, il a acquis comme l'acquéreur d'immeuble qui a un titre et, de plus, il a acquis *erga omnes*, attendu qu'en principe il n'y a pas de prescription en matière de meubles.

Ainsi, en matière délictuelle comme en matière contractuelle, en matière réelle comme en matière personnelle, la loi sanctionne la confiance légitime. Elle le fait pour des raisons de crédit, elle le fait pour des raisons de justice ; nous savons ce que cela veut dire : elle le fait parce que, *pour qu'il y ait liberté, il faut que, dans la mesure où il y a confiance nécessaire, où nous avons le sentiment légitime de bien agir, il y ait pour nous droit et pour autrui responsabilité.*

à prouver la bonne foi. Enfin, 3° la prescription acquisitive rétroagit (arg. art. 1402). Historiquement, d'ailleurs, cette prescription semble s'expliquer par l'action Publicienne délivrée, grâce à la prescription *longi temporis*, de l'exception de propriété. Notre discussion permet de dire que le titre doit remplir toutes les conditions nécessaires pour être acquisitif de droits.

V

RESPONSABILITÉ CONTRACTUELLE ET RESPONSABILITÉ DÉLICTUELLE.
LES CLAUSES D'IRRESPONSABILITÉ

La responsabilité délictuelle et la responsabilité contractuelle ont donc une origine commune : une confiance légitime trompée.

Seulement, tandis que, dans la responsabilité contractuelle, cette confiance est née d'une promesse, dans la responsabilité délictuelle cette confiance est née d'une situation.

Dans cette ressemblance, d'une part, dans cette différence, d'autre part, nous trouvons aisément une règle qui permet d'expliquer comment la jurisprudence sépare les deux responsabilités et comment elles les combine.

§ 1. — *La preuve.*

On admet : 1° que, dans la responsabilité délictuelle, c'est au créancier à prouver la faute, que, dans la responsabilité contractuelle, c'est au débiteur à prouver l'absence de faute. Il n'y a là qu'une apparence ; dans la responsabilité contractuelle comme dans la responsabilité délictuelle, c'est au créancier à prouver son droit, c'est à lui à prouver le rapport d'où naît la faute, c'est-à-dire soit une promesse, soit une situation de nature à inspirer confiance. Aussi avons-nous vu que, lorsque la doctrine construit une théorie contractuelle pour expliquer la responsabilité des accidents du travail, en réalité elle n'aide même pas l'ouvrier au point de vue du fardeau de la preuve, car c'est sur la situation qui existe, sur le rapport entre le patron et l'ouvrier, sur la confiance que cette situation inspire nécessairement à celui-ci, qu'elle a dû modeler son contrat.

Il est seulement vrai pratiquement qu'il est plus facile de prouver la confiance qu'a dû inspirer une promesse formelle que celle que fait naître une situation.

II. — *La capacité.*

2° On admet que les personnes incapables de s'obliger ne sont pas contractuellement responsables.

Nous avons déjà vu qu'il faut tout de suite limiter ce principe de la façon suivante : personnes que l'on a dû savoir incapables de contracter ; alors, parce qu'il n'y a pas confiance légitime, il n'y a pas obligation.

Mais supposons que, dans l'exécution de son contrat, l'incapable commette un délit, en d'autres termes — et voici comment il faut poser

la question — supposons que l'incapable a
trompé, non la confiance résultant d'une promesse — confiance par hypothèse mal fondée —
mais celle résultant d'une situation ; l'incapable
a nui à son contractant, non point, soit en n exécutant pas sa promesse, soit en l'exécutant
mal (1), mais comme il aurait pu lui nuire en
dehors de tout contrat ; par exemple, il a par imprudence ou par volonté mauvaise mis le feu à
la maison louée. Alors il y aura obligation ; il y
aura obligation, à moins que, même au point de
vue de la situation, le cocontractant ne pût pas
avoir confiance : notamment s'il a loué une
maison à un enfant (envers qui la loi elle-même
présume que l'on doit être méfiant, arg. art. 1384
al. 2 et 4). Seulement remarquons que cette
limitation de responsabilité résulte, non du contrat qui est nul, mais de la mise en rapport conscient ; elle serait la même s'il y avait eu rapport
sans promesse ; par exemple si je montre à un
enfant une arme avec laquelle il me blesse.

§ III. — *Etendue de la responsabilité.*

3º La responsabilité contractuelle est en général
moins pesante que la responsabilité délictuelle :
elle suppose presque toujours au moins une faute

(1) Ex. : Il a blessé un cheval en voulant le dresser.

que n'aurait pas commise un «bon père de famille»,
elle suppose même parfois seulement une faute
lourde ou un dol. On s'est demandé si la responsabilité délictuelle pourrait alors permettre au
créancier de se plaindre même d'une faute légère.
Il faut dire non, si la faute est la violation d'un
rapport de confiance né d'une promesse ; il faut
répondre affirmativement, si la faute est la
violation d'un rapport de confiance né d'une
situation. Donc responsabilité dans les limites
de l'offre, s'il n'y a pas eu exécution ou s'il y a
eu exécution mauvaise. Il se pourra que cette
responsabilité soit moindre que s'il n'y avait pas
eu contrat : par exemple, la responsabilité du
fermier qui a confié à un domestique un cheval
que celui-ci savait vicieux. Il se pourra, au contraire, que cette responsabilité soit plus grande :
par exemple celle du patron d'usine à l'égard de
ses ouvriers. Mais les différences de responsabilité
n'ont pas leur cause véritable dans le contrat :
elles résultent de la mise en relations conscientes.
Si le domestique n'a pas d'action, c'est qu'il sait
à quoi s'en tenir ; aussi l'aggravation de risques
à sa charge ne nous empêche point de dire que
toujours la responsabilité contractuelle est
moindre, en principe, que la responsabilité délictuelle. Je précise : toutes les fois que nous
exerçons notre activité au profit d'autrui, la loi

et la jurisprudence considèrent que la faute et
que le risque sont choses normales, elles estiment
que notre activité est naturellement faillible et
ainsi, en principe, elles ne font point retomber sur
nous les conséquences de la faute légère ; elles la
traitent comme cas fortuit, cela, d'ailleurs, soit
qu'il y ait, soit qu'il n'y ait pas contrat ; nous
l'avons vu, en dehors des textes, pour le médecin,
qui peut avoir agi à la suite d'une convention
ou d'office ; nous l'avons vu pour l'ouvrier ; nous
l'avons vu encore dans l'hypothèse particulièrement complexe du dévouement. Seulement cette
tendance se trouve contrariée par une autre
tendance, qui consiste à rendre une activité
d'autant plus responsable qu'elle est plus
puissante et plus absorbante d'autres activités
(ainsi la responsabilité du patron d'usine à l'égard
de ses ouvriers). Mais c'est là de l'observation
de fait ; il me suffit provisoirement ici de poser le
principe juridique : la responsabilité proportionnelle à la confiance nécessaire.

Et cette idée reste exacte quand il s'agit, non
plus simplement de chercher s'il y a responsabilité, mais d'apprécier son étendue. Logiquement,
si, toutes les fois qu'il y a préjudice, il y a lieu à
dommages-intérêts, notre responsabilité est sans
limites. Pothier suppose qu'une personne vend à
une autre une vache malade ; d'où contagion, d'où

perte du troupeau, d'où arrêt dans la culture, d'où ruine du cultivateur, d'où misère de ses ouvriers, etc., etc. Or, en pratique, de même que nos chances de gain ne sont pas en rapport avec les services rendus, de même nos chances de perte ne correspondent point au mal causé. En matière contractuelle le débiteur en faute ne reçoit que les dommages-intérêts prévus, ou qu'on a pu prévoir. En matière délictuelle, la Cour de cassation laisse en principe au juge plein pouvoir pour apprécier la relation entre la faute et le dommage. Et l'on tient compte dans cette appréciation, non seulement de l'importance du préjudice, mais du degré de la faute. En un mot, on se demande, comme en matière de contrat, sur quoi la victime a pu compter.

§ IV. — *Les clauses d'irresponsabilité.*

Elles sont juridiquement nulles, si du moins on les prend dans le sens précis de clauses permettant de porter atteinte à nos droits ; en d'autres termes, de clauses permettant de tromper la confiance — en l'activité d'autrui et en la nôtre — dont nous avons besoin pour agir : il serait contradictoire, en effet, de prétendre conserver un droit, et, en même temps, de rendre ce droit dépendant d'autrui.

Ce qui a rendu cette question singulièrement équivoque, ce qui a permis de croire à la validité de nos clauses, c'est qu'elles peuvent avoir un certain effet pratique, non point directement, en diminuant ou en supprimant la responsabilité, mais indirectement, en modifiant la situation même d'où résulte cette responsabilité. Et en effet :

1. Il se peut que, par cela seul que je suis prévenu d'un danger éventuel, je sois par là même plus ou moins protégé contre ce danger.

2. Il se peut encore que la clause d'irresponsabilité ne soit qu'une façon de limiter la promesse du débiteur, et ainsi de limiter la confiance du créancier ; ici encore il n'y a pas clause d'irresponsabilité ; on a promis ce qu'on a promis, voilà tout.

Pour qu'il y ait clause d'irresponsabilité il faut supposer que, la situation restant identique, la confiance nécessaire qui en résulte restant la même (1), il y ait cependant responsa-

----

(1) On a dit parfois que la clause d'irresponsabilité ne diminuait pas la responsabilité, mais seulement l'obligation de payer des dommages-intérêts qui en résulte. Ce n'est pas exact ; car ce qui fait la responsabilité juridique, c'est précisément et uniquement l'obligation aux dommages-intérêts ; sans elle il n'y a plus que responsabilité morale.

Capital et travail, 1909, p. 8 « on est responsable quand

bilité moindre ou irresponsabilité. Or, cela est juridiquement impossible, est logiquement contradictoire. On objectera, en ce qui concerne la responsabilité contractuelle, que la situation qui résulte du contrat peut être modifiée par le contrat ; sans doute, en tant que la confiance du créancier n'a d'autre cause que la promesse du débiteur ; mais non, au contraire, en tant qu'elle résulte de la situation où il se trouve par rapport à ce dernier. Si, par exemple, le patron est responsable envers ses ouvriers, ce n'est pas seulement en vertu de sa promesse, c'est aussi parce que l'ouvrier, en conséquence de sa promesse à lui, ouvrier, se trouve être sous la dépendance du patron, se trouve, par suite, avoir en lui une confiance nécessaire.

Mais, si la clause d'irresponsabilité est nulle en principe, elle peut avoir une très réelle valeur pratique. En effet la responsabilité dépend, non de la confiance que nous avons, mais de celle que nous avons nécessairement, de celle qu'aurait, à notre place, toute autre personne ; en d'autres termes, elle dépend, non d'une situation déterminée ou d'une confiance déterminée, mais des croyances géné-

on est responsable, quand on est condamné, quand on doit payer. »

rales qui s'élaborent sur certaines situations.

Ainsi je traduis la lettre des arrêts validant la clause par laquelle les armateurs s'affranchissent dans leurs connaissements des baraleries, fautes ou négligences du capitaine ou autres gens de l'équipage. Ils déclarent purement et simplement la clause efficace, et ils justifient essentiellement leur décision en rappelant les raisons indiquées, depuis des années, en ce sens, par les armateurs, notamment la pratique de l'assurance contre la baraterie du patron.

Cette clause a fini par devenir légale comme manifestation d'opinion, comme interprétant, révélant une situation.

En résumé, point de différence de nature à tous ces points de vue entre la responsabilité délictuelle et la responsabilité contractuelle. Ce qui fait la responsabilité, c'est toujours la confiance dont nous avons besoin pour agir, que cette confiance ait sa base dans une promesse ou dans une situation, soit d'ailleurs que la promesse soit valable, soit qu'elle soit nulle; bien plus, il arrive que la responsabilité contractuelle et la responsabilité délictuelle se confondent même formellement (cela, par exemple, quand la confiance est née d'un billet signé par un faussaire, grâce à la faute de celui dont on a monnayé le crédit).

La croyance dont nous avons besoin, elle crée, elle limite la responsabilité : peu importe qu'il y ait incapacité de l'obligé, nullité de la promesse : il suffit qu'il y ait confiance trompée. Peu importe aussi qu'il y ait exercice d'un droit défini, s'il y a faute ; peu importe que l'auteur du dommage ne puisse commettre d'imprudence, — par exemple une personne morale — s'il y a atteinte au droit d'autrui ; peu importe, par contre, s'il n'y a point faute, qu'il y ait atteinte à un droit défini : la responsabilité est limitée dans ses causes comme dans ses effets par ce sur quoi l'on a pu compter.

De façon plus générale, j'ai montré que *notre croyance légitime en nous et en autrui nous fait acquérir le droit, oblige les autres envers nous.* Ainsi elle assure notre activité, notre liberté. Elle se manifeste ici comme elle se manifeste toujours, garantissant à notre esprit la perpétuité des principes que la science ou que la conscience nous impose, faisant de la règle une loi.

Principe souple et variable même, comme sont souples et variables les rapports auxquels il correspond, s'adaptant ainsi aux nuances, aux contrastes des décisions jurisprudentielles. Une confiance très grande en autrui répond-elle à un besoin social, les tribunaux poussent à l'extrême la responsabilité. Une confiance très grande en soi est-elle d'intérêt général, les tribunaux poussent à l'extrême l'irresponsabilité. En définitive, on se demande quelle est la confiance dont la société a besoin pour vivre, sans laquelle elle ne pourrait vivre ; d'où le rôle en ces matières des réclamations collectives, d'où l'influence de l'opinion.

Le guide de notre jurisprudence, c'est la notion de ce qui convient et de ce qui ne convient pas, c'est la conscience du juste et de l'injuste. Certes, cette conscience suppose et connaissance et moralité. Mais nous savons que le droit se conquiert, qu'aucune formule magique ne le donne.

Donc, *au lieu d'un prétendu principe scientifique une simple règle de conduite* ; mais aussi point de formule contradictoire en elle-même, inapplicable d'ailleurs et illimitée, comme l'est la formule de la responsabilité née de l'acte accompli sans droit, portant atteinte au droit d'autrui. Il y a responsabilité, parce qu'il y a faute, parce qu'il y a confiance légitime trompée, et alors, et pour cela, il y a abus du droit, il y a atteinte au droit.

Il est bien entendu, d'ailleurs, que cette notion

de confiance, de crédit, avec les obligations et les droits qu'elle fait naître, est la forme juridique que revêt le milieu où agit l'individu ; en réalité, nous ne voyons pas cette confiance pas plus que nous ne voyons la bonne foi ; nous voyons seulement les nécessités qui l'expliquent, les conditions qui la déterminent. C'est donc, en définitive, le milieu lui même, la société avec ses lois telles qu'elle est amenée à se les représenter, qui font la responsabilité, qui font le contrat, qui créent l'être juridique, sa capacité, ses droits. Ainsi les individus ont toutes les libertés conciliables avec les libertés d'autrui dans une société qui est considérée comme faite pour eux, de même qu'elle est faite par eux, qui est en eux comme ils sont en elle. C'est là tout ce que l'on entend quand on dit que l'homme a aujourd'hui la personnalité juridique.

III

La Logique (1903)

LA LOGIQUE (1) (1903)

On peut avoir en France deux sortes de droits patrimoniaux : les droits réels, les créances.

Ils ne s'exercent pas contre des choses (les choses n'ont pas de devoirs) ; en ce sens, ils sont des droits personnels. Le droit réel permet de posséder un bien (propriété) ou une partie (servitude) ou d'en avoir la valeur exclusive (sûretés réelles), la créance donne un droit à la valeur sur l'ensemble des biens d'une personne.

La totalité de ces droits forme l'actif du patrimoine, c'est-à-dire l'ensemble des droits à la possession de ce qui nous appartient et, dans une certaine mesure, à la valeur des biens de nos débiteurs, le passif étant constitué par les droits de nos créanciers sur nos propres biens.

Je parle de droits sur les choses ou à leur valeur ; les droits, même les droits personnels, ne sont pas non plus des droits contre des personnes ; les obligations ne s'exécutent pas sur le débiteur, mais sur son patrimoine.

Le patrimoine est la personne en tant qu'elle

1) D'après la *Revue trimestrielle de droit civil,* 1903, p. 95

est obligée. Cette personnalité a emprunté ses droits aux choses, puis s'en est détachée, et le patrimoine se détache de la personnalité.

Cette indépendance du patrimoine se manifeste quand le passif est dans les limites de l'actif (succession, faillite) et plus dans ces patrimoines sur aucun élément desquels un individu n'a actuellement un droit réel : dans les sociétés anonymes, il n'y a que des créanciers, et les associés ne sont pas obligés sur leur patrimoine ; le patrimoine social répond seul des obligations sociales, de sorte que les chances de gain sont sans rapport avec les risques de perte.

Cette liberté personnelle, parce que seul le patrimoine est débiteur, fait que l'individu peut obliger des biens qui ne lui appartiennent pas (mandataire, administrateur de société), qu'il peut, représentant un patrimoine, contracter avec lui-même en tant que représentant un autre patrimoine, ou faire acquérir à un tiers des droits sur autrui.

Il suffit que nous ne portions pas atteinte au droit ; il n'est pas nécessaire que nos actes aient pour objet des biens nous appartenant.

Ainsi les capitaux ont les obligations, les hommes ont les droits : conciliation provisoire de la liberté et de la propriété.

La faculté d'agir sur les choses est assez

théorique pour qui n'a rien. Et, comme aussi seuls les biens, en principe, sont obligés, on peut être une personne sans droit ni obligation.

Cela n'est pas exact seulement pour les individus. Il y a des sociétés sans patrimoine. Le syndicat ouvrier est, même s'il n'a rien, une personne, qui peut contracter, plaider. S'il n'a pas de biens, il n'a pas d'obligations : son objectif est un droit de créance au profit du travail sur le capital. Alors que, par le louage de services, l'ouvrier isolé s'embauche, s'engage, dans le contrat collectif du travail est promis en bloc. Ainsi, pour ne pas être obligé sur soi-même, on devient l'ayant droit d'un groupe qui étend notre personnalité.

Mais tous les contrats ont quelque chose de collectif : car ils portent sur des objets dans le commerce, dont la valeur, dont le prix n'est pas fixé par deux cocontractants, mais par tous ceux qui font des contrats ayant pour objets des choses du même genre. Ce prix ne dépend pas d'une offre et d'une demande individuelles, mais d'une offre et d'une demande collectives. Il y a lutte entre ceux qui achètent et ceux qui vendent, il y a concurrence des vendeurs entre eux, des acheteurs entre eux, il y a entente collective plus ou moins nette pour la fixation d'un prix moyen. C'est dans un milieu contractuel que vendeurs et acheteurs contractent ; de même c'est dans un milieu contractuel que contractent le patron et l'ouvrier.

Le contrat individuel est un aspect d'une entente et d'une lutte communes.

Cette volonté commune prend forme dans les foires, marchés, bourses, se dégage plus concrète dans la société, le trust, le cartel, le syndicat. Là, le droit est créance, même par rapport aux choses que nous avions ou que nous avons en propre.

Cette volonté, quel que soit le procédé qui l'extériorise, que tout le monde participe à son élaboration, ou, par exemple, seulement une majorité, est affirmée par des représentants, qui agissent en vertu de leurs droits propres, ces droits étant fixés par la loi, par la conscience vague du milieu social, comme le sont les droits de tous, et, en outre, par rapport à l'œuvre de chaque groupement, par la volonté plus précise, mieux dégagée de celui-ci. C'est une façon de parler que de dire que ces représentants sont délégués, mandataires, et cette façon de parler est manifestement inexacte lorsqu'ils sont nommés par une partie du groupe, ou si ces prétendus mandataires ont un mandat irrévocable, ou si leurs prétendus mandants ne sont pas obligés sur leurs propres patrimoines.

Ainsi une personne morale est la forme plus précise et particulière que prend, dans un certain but, la conscience collective à laquelle chacun de nous emprunte sa personnalité (noter la tendance des groupements sociaux à se donner la justice sans en demander l'interprétation aux magistrats ordinaires).

Si cette conscience collective, dans la mesure où elle est dégagée, fixe les droits des individus, même s'ils contractent, à plus forte raison lorsque leurs rapports ne sont pas contractuels (j'ai dit antérieurement que la responsabilité délictuelle a les bases et limites que lui donnent les représentations collectives).

Donc, transformation du droit sur l'individu en un droit sur la chose, transformation de ce droit en un droit à la valeur, indépendance croissante par rapport à la propriété de la personnalité, créée, étendue par la collectivité, enfin responsabilité des choses à l'occasion de l'exercice des droits contre le droit collectif : comme, à la créance du travail ne correspond aucune obligation, puisque seules les choses sont obligées, elle absorbera la créance du capitaliste que son droit oblige.

IV

L'Affirmation du Droit collectif

(1903)

L'AFFIRMATION
DU DROIT COLLECTIF (1903) (1)

Le Comité de l'Office Social m'a confié le soin d'introduire la première de ses discussions. C'est un grand honneur ; c'est aussi une charge, car c'est toujours assumer une pesante responsabilité que de parler des questions sociales.

Les principes ne sont pas fixes, ni les méthodes certaines. M. Godart vous disait l'autre jour que nous voulions faire une étude descriptive des institutions, un peu comme l'histoire naturelle de nos sociétés. Il peut paraître téméraire de discuter d'abord, non sur une institution spéciale, mais sur la société dans son ensemble. Et c'est là cependant, à mon avis, une méthode particulièrement sûre. Car, pour étudier en détail les éléments de la société, nous ne possédons encore que d'assez grossiers instruments de recherche, et, en outre, pour étudier un élément de la société, il faut le situer dans le milieu social, et par conséquent connaître ce milieu. Et alors, si

(1) Cette conférence a été faite à Lyon. Le texte a paru avec une préface de M. Andler (Librairie Bellais, Paris, 1903).

grossiers que soient nos moyens, nous en possédons qui nous suffisent, si seulement nous avons recours aux procédés qui font connaître les lois des rapports sociaux.

Au lieu de démontrer cela méthodiquement, je veux le prouver pratiquement, en arrivant à un résultat.

Je veux traiter ce soir devant vous de l'absorption des droits du capital par les droits du travail ; en d'autres termes, et pour appeler les choses par leur nom, je veux vous présenter une explication juridique du socialisme.

.*.

Le sentiment socialiste est un sentiment bien vif, il a un besoin singulièrement pressant de s'affirmer, de créer ; il s'impose. Il faut qu'il y ait des éléments qui l'inspirent, qui le justifient.

Je me suis demandé si l'explication ne se trouverait pas dans les lois présentes des rapports sociaux.

C'est ce que je prétends prouver par des procédés simples, et mes conclusions seront si claires que l'âme frêle d'un enfant pourrait comprendre, que son œil ingénu pourrait voir, et que vous devrez tous dire en sortant d'ici : « mais nous savions déjà ce qu'il nous a raconté ».

* *

Faisons du droit.

Je définis la liberté : la faculté pour l'individu d'exercer son activité.

En philosophie, on nous a enseigné que la liberté de l'individu est limitée par la liberté de son prochain.

C'est vrai théoriquement, mais pas tout à fait pratiquement, car il y a la propriété.

La propriété, les jurisconsultes la définissent : le droit exclusif de jouir et de disposer d'une chose.

Il est difficile de concilier la liberté et la propriété. On dit : la propriété, c'est la liberté. On dit aussi : le travail, c'est la liberté. Et tout cela est vrai. Il est vrai surtout que la propriété assure bien la liberté au propriétaire. Mais ceux qui ne sont pas propriétaires ? J'ai une usine ; je ne peux pas seul la faire marcher ; il me faut des ouvriers. J'ai donc un capital dont la mise en œuvre dépasse mon activité ; il faut que d'autres, pour vivre, mettent leur liberté au service de ma propriété. Qui l'emportera ? La propriété ou la liberté ? Voilà une première manière de poser la question.

En voici une autre.

Les juristes distinguent deux sortes de droits sur les choses : les droits réels et les droits personnels. Le droit réel s'exerce directement sur la chose ; le droit personnel s'exerce contre une personne. Pourtant, nous n'avons pas de droits sur les choses, car à tout droit correspond une obligation, et on dira difficilement que la terre sur laquelle porte le droit réel du propriétaire a l'obligation de subir la violence du soc de la charrue. Et, d'autre part, je pense vous démontrer tout à l'heure que nous avons pas de droits contre les personnes.

Le droit réel est le droit à la possession d'une chose, de labourer, bâtir, aliéner ; le droit personnel est le droit à la valeur des choses, à leur prix, un droit sur des choses considérées comme ne nous appartenant pas.

Il y a un droit réel d'une autre espèce, la sûreté réelle -- par exemple l'hypothèque -- que je définis : un droit exclusif à la valeur d'une chose.

Quelle est la forme actuelle du capitalisme, et particulièrement du capitalisme industriel ?

Se présente-t-il sous la forme du droit réel, du droit de propriété, ou du droit personnel, du droit de créance, du droit à des valeurs, du droit à de l'argent, du droit sur des choses considérées comme ne nous appartenant pas ?

Je prétends que la forme que prend actuellement le capitalisme est celle du droit de créance, et qu'il ne se présente pas sous la forme de créances individuelles, mais de créances collectives des capitalistes.

Je montrerai ensuite qu'en face de cette créance collective du capital se forme une créance collective du travail.

Et enfin je prouverai que la créance collective du travail doit nécessairement absorber la créance collective du capital.

Nous allons, pour faire cette démonstration, étudier juridiquement l'actif et le passif de la société, établir le bilan social, comme on fait le bilan d'une maison de commerce.

.

La forme que prend le capitalisme est celle de créances collectives des capitalistes. Et il me suffirait, pour rendre cette idée acceptable tout de suite, de constater que tous ceux qui possèdent, et particulièrement les commerçants, les gens d'affaires, ont, plus ou moins constamment, des dettes, que donc la valeur de leurs biens appartient en partie ou pour le tout à d'autres qu'à eux. Mais allons plus loin.

Le capital, dans la phase industrielle d'aujourd'hui, est beaucoup plus un capital de sociétés que d'individus. Prenons pour types les sociétés anonymes. Dans les sociétés anonymes on trouve des obligataires ; ils ont prêté de l'argent à la société ; ils tirent de leur argent un intérêt ; ils sont certainement des créanciers ; tous les juristes le disent (Jaurès l'a justement constaté). Mais il y a plus : dans une société anonyme on ne trouve que des créanciers. Des gens ont pris des actions, de cinq cents francs, par exemple ; on a réuni tout cet argent, créé un fonds social, nommé des administrateurs. Qu'y-a-t-il ? Un patrimoine avec des créanciers, mais sans propriétaire. Quand la société sera dissoute, il ne restera peut-être rien, et, alors, aucun actionnaire n'aura rien ; s'il reste quelque chose, on se le partagera, et, encore, les obligataires, qui sont en dehors de la société, passeront-ils avant les actionnaires, qui sont dans la société ; mais, en attendant, tant que la société dure, aucun associé ne peut se dire avoir un droit sur une machine, un rail, une maison, une porte, sur rien ; chacun n'a droit qu'à de l'argent, et cette société est administrée par des gens qui n'ont pas la propriété.

Et ces sociétés anonymes s'étendent, se multiplient, et puis se groupent sous forme de trusts. Et cette forme juridique du capital s'impose si bien que, même par rapport aux choses qui leur appartiennent, les industriels en arrivent à ne plus se regarder comme propriétaires ; ainsi dans les cartels les individus se considèrent comme ayant des droits, non à la propriété de leurs produits, mais à leur valeur telle qu'elle est déterminée par une entente commune.

En face de cette créance collective du capital, la créance collective du travail. Qu'est-ce, et qu'y a-t-il là de nouveau ?

Un ouvrier isolé contracte avec un patron, lui vend son travail. Étant données la concurrence la nécessité, quel salaire sera payé à cet ouvrier ? Il est bien entendu que nous ne parlons pas ici générosité, charité, que nous supposons la lutte. Ce patron donne à cet ouvrier un salaire fixe ; un salaire qui, dit-on, met l'ouvrier à l'abri des risques du capitaliste. Il y a là, affirment volontiers les économistes, une assurance au profit de l'ouvrier — assurance peu solide, car, s'il est vrai de dire que ce salaire est fixe en ce sens qu'il ne monte pas si les bénéfices du patron augmentent, il faut dire aussi que, si, au contraire, le patron fait de mauvaises affaires, le salaire de l'ouvrier disparaît ; il y a donc bien dans le salaire une assurance, mais c'est une assurance au profit du patron : il faut en effet qu'il entretienne à son profit l'énergie de l'ou-

vrier pour que l'ouvrier puisse travailler, comme
il entretient une machine pour que la machine
puisse fonctionner. Cet ouvrier traité comme
une machine — je suppose qu'il n'y a aucune
entente, expresse, tacite, aucun accord, for-
mulé ou non, entre ouvriers — cet ouvrier
traité comme une machine est un être dont on
ne peut pas dire qu'il a des droits.

Mais voici des ouvriers qui, collectivement,
contractent avec un patron, grâce notamment
à leur syndicat professionnel. Que vont-ils
obtenir ? Ils acquièrent un droit, une créance
collective du travail sur le capital.

Tandis que l'ouvrier qui contracte isolément
a un salaire tendant à descendre jusqu'à un
minimum correspondant à ce qui est nécessaire
pour entretenir sa force vitale, le travail, dans le
contrat collectif, acquiert un droit de créance tendant à correspondre à sa part dans la production.

.*.

Avant la créance collective il y avait, il y a
la propriété individuelle, la créance individuelle.

Or celles-là contenaient en elles ce qui devait
donner le contrat collectif du capital et du travail.

Pourquoi ? Si l'on recherche comment s'acquiert la propriété individuelle, on constate

qu'on acquiert la propriété individuelle parce qu'on a succédé à quelqu'un qui était propriétaire, parce que, par exemple, on a acheté. Mais il est impossible de prouver qu'on a acquis d'un propriétaire. Car, pour cela, il faudrait prouver que celui qui a vendu a acquis du propriétaire, qui a acquis du propriétaire, lequel a acquis du propriétaire, et ainsi indéfiniment.

La loi dit : en fait de meubles possession — possession de bonne foi — vaut titre ; en principe, je suis propriétaire d'un meuble parce que je l'ai acquis de quelqu'un que j'ai cru propriétaire.

Il en est à peu près de même quant aux immeubles : si je prouve que je crois avoir acquis d'un propriétaire, j'ai la propriété ; seulemen' cette propriété ne devient tout à fait solide qu'après une possession de dix à vingt ans. Si, maintenant, on ne prouve pas que l'on a cru acquérir, on devient propriétaire par une possession de trente ans, que les juristes regardent d'un mauvais œil, qu'ils considèrent dédaigneuse ment comme un pis-aller, puisqu'elle transforme une usurpation en un droit.

Le droit de propriété, quand il ne repose pas sur une usurpation, repose donc sur une croyance ; on peut prouver simplement ceci : qu'on croit être propriétaire. Et c'est une façon de parler.

Car une croyance ne se prouve pas, une croyance ne se constate pas, nous n'avons pa les appareils d'optique mentale, les instruments de psychologie sociale, qui permettent de lire dans la tête des gens leurs croyances. Je ne sais pas vos croyances et vous ne savez pas les miennes ; nous nous attribuons, nous nous supposons, nous nous prêtons mutuellement des croyances, voilà tout. Le propriétaire peut prouver qu'il a fait un acte permettant de lui prêter la croyance qu'il est propriétaire, ou, plus exactement, ce qu'il peut prouver, c'est que les autres croient en sa croyance, en d'autres termes qu'ils croient en son droit.

Ainsi la propriété individuelle — et c'est là tout ce que je veux dire, en attendant, mais attendez, car il faut vous intriguer un peu — ne repose que sur des croyances collectives (1).

Ce qui est vrai pour la propriété est vrai également pour la créance. Créance — je ne veux pas abuser des étymologies, mais, tout de même, créance signifie croyance : le créancier est celui qui croit être créancier, qui croit en son droit à

(1) Remarquons que cela n'est pas vrai pour la propriété des offices ministériels ; cette propriété peut être prouvée ; elle peut l'être comme pouvait être prouvée la propriété féodale.

une valeur, à un prix, et c'est dans la mesure
où on le croit pour lui qu'il est créancier.

Les jurisconsultes expriment cela en disant
que ce qui domine les rapports commerciaux des
hommes, c'est le crédit.

Je voudrais vous démontrer cela tout à fait,
d'une manière concrète. Prenons un exemple.
Je vous ai signé un billet à ordre de cent francs ;
j'ai cru, vous m'avez fait croire, que je vous
devais cent francs ; je ne les devais pas ; je vous
oppose, devant le juge, ce que nous appelons en
droit l'exception de dol ; je vous dis : vous
m'avez trompé, et le juge décide que je n'aurai
rien à payer. Mais vous avez endossé ce billet
au profit d'un autre, qui croit, ou est censé
croire — et la bonne foi, en droit, se présume —
que je suis votre débiteur. Il faut que je paye
parce qu'il croit.

Ce qui fait la créance, c'est, à défaut de tous
autres éléments, la croyance de la collectivité.

C'est si vrai que, quand notre croyance n'est
pas conforme aux croyances sociales, elle n'est
pas respectée par le juge. Les conventions des
individus ne sont sanctionnées que dans la mesure
où elles sont conformes aux croyances collectives
dont le juge se fait l'interprète. Sinon, le juge
les annule comme faites par erreur, ou par dol,
ou comme contraires à l'ordre public, et il dépend

du juge — et on ne peut rien dire de plus précis — de décider s'il y a erreur, dol ou violation de l'ordre public ; ou simplement, il les modifie en vertu de son pouvoir d'appréciation. Mais il faut reconnaître — et je dois avouer — qu'il lui arrive plus souvent de retoucher des notes de couturières que des contrats de travail.

Aussi bien, tout cela va de soi, pour cela on n'en parle pas. Cela va de soi, car les contrats aujourd'hui sont de bonne foi ; c'est-à-dire que, au lieu de s'en tenir strictement à la liturgie des paroles, des gestes, on apprécie en toute liberté l'intention des parties, intention que, d'ailleurs, bien entendu, on leur prête, car nous ne lisons pas plus dans les cervelles les intentions que les croyances.

Pourquoi tant de phrases ? Vous êtes tous allés au marché, vous savez que le prix du beurre n'y dépend pas de votre entente avec la marchande, qu'il était connu avant, que la valeur de votre achat est donc fixée, non par la bonne femme, qui fait le beurre, et par vous qui allez le manger, mais par tous ceux qui, dans ce marché, ont apporté, et tous ceux qui peuvent payer du beurre. C'est ce marché, milieu contractuel, qui fait le prix ; ce n'est pas vous : vous le subissez, (je veux, pour parler notre langue juridique,

que vous le subissiez volontairement, puisque vous avez contracté).

Ainsi, pour conclure — mais ce n'est pas fini — les contrats individuels, par cela seul qu'ils sont de bonne foi, qu'ils ne sont pas formels, ont en eux ce qui fait le contrat collectif, à savoir des croyances dont ils sont des manifestations (1).

.·.

Vous m'entendez parler de croyances, vous pensez : c'est une manie. Pourtant ce langage, sans doute, cessera de vous étonner si je dis que le droit fut une religion et qu'il est un substitut pratique de la religion.

Les rapports de droit étaient protégés par le

---

(1) En réalité le contrat individuel de travail n'a de valeur juridique que dans la mesure où il a le caractère d'un contrat collectif. Soit un peintre : on lui a promis 100.000 francs pour un tableau ; il ne le fait pas : il ne devra pas 100.000 francs de dommages-intérêts ; soit un travailleur professionnel, on lui a promis 5 francs pour sa tâche, il ne travaille pas : il cause au patron un préjudice qui, sans doute, est supérieur à 5 francs. Celui-là avait promis une œuvre d'art, quelque chose d'à part, celui-ci du travail, quelque chose qu'un autre aurait pu faire à sa place. Mais, si le tableau de 100.000 francs était destiné, non à un amateur désintéressé, mais à un spéculateur qui, déjà, l'avait vendu, ou qui devait le placer dans un musée payant, alors notre contrat devient collectif et notre peintre obligé.

prêtre ; ils le sont par le juge. Mais la fonction du juge est religieuse. Ici, une fois de plus, je fais appel à vos sentiments : nous avons des malheurs, nous souffrons, il nous faut une réparation ; ce monde ne répare pas ; où trouver la garantie ? Dans l'au-delà. Et pas de justice sans juge. Tout cela existe, si nous croyons.

Maintenant, la justice humaine. Voici ce verre, c'est bien, je n'ai pas à y penser. Mais vous le brisez. Ah ! pardon, ce verre est à moi. Au moment où le verre est brisé, mon droit sur lui s'affirme en même temps que se manifeste le besoin de réparation ; j'obtiens des dommages-intérêts. Le juge fait que les choses se passent un peu comme si le verre n'avait pas été cassé ; il oppose le droit au fait ; il fait œuvre de protestation conservatrice ; c'est la survie ; et Dieu, c'est le juge, l'Etat, la Providence, dont le magistrat est le prêtre ; et mon droit existe par ma croyance, ou par celle qu'on me prête. Le droit est une religion.

Cette garantie juridique, cette garantie tout de suite, est pacifique. La garantie religieuse est une garantie brutale. Dieu fait la paix entre les hommes au profit des hommes puissants. Aujourd'hui encore il n'y a pas de justice entre les peuples ; alors Dieu protège les peuples ; il les protège en tête des armées ; car, lorsque Dieu protège les hommes, les hommes se battent entre eux. Il protège le capital.

Nous avons vu la garantie céleste remplacée par la garantie juridique.

Mais le droit que nous pratiquons n'est pas le droit définitif.

Pour le montrer, je veux opposer à la méthode religieuse de l'étude du droit la méthode non religieuse.

La méthode religieuse met des principes à la base des institutions ; l'autre met les institutions à la base des principes.

Décrire les institutions, avoir la simplicité de les constater, renoncer à les légitimer, voilà la méthode. Elle est révolutionnaire.

Il ne faut pas que ce mot effraye ; je tiens à le prononcer devant vous ; c'est un mot bien français ; nos ancêtres n'en avaient pas peur. Révolution ne veut pas dire violence. Ce n'étaient sans doute pas des révolutionnaires qui firent le mauvais coup du deux décembre ; et ce n'étaient pas, je crois, des réactionnaires, qui, solennellement, dans un enthousiasme simple, proclamèrent en 1789 les droits de l'humanité.

Qu'est l'idée révolutionnaire ? Elle suppose une action collective, une manifestation de conscience sociale, et aboutit à une violation du droit. Des ouvriers sont en grève ; il faut assurer la reprise du travail, rétablir la paix sociale. Alors, au lieu que l'on condamne les ouvriers à des dommages-intérêts — et ce serait bien inutile, et là est la clef du mystère — au lieu qu'on les condamne à des dommages-intérêts parce qu'ils ont manqué aux obligations légales que leur impose le contrat de travail, il se trouve que ces ouvriers obtiennent après la grève un peu plus de droits.

Ils auraient pu obtenir cela par une entente directe avec le patron ; c'eût été tout à fait révolutionnaire. Ils l'ont obtenu par un arbitre ; c'est moins révolutionnaire ; mais M. Ballot-Baupré, premier président de la Cour de Cassation, en intervenant comme arbitre dans la grève des mineurs, a fait quelque chose qui est tout proche d'un acte révolutionnaire. L'arbitre remplaçant le juge, cela est un signe des temps.

.·.

Et maintenant, après cette longue et nécessaire digression, revenons à nos créances collectives du capital et du travail. Je dis que celle-ci va nécessairement, fatalement, absorber celle-là.

Et, pour le prouver, après avoir étudié l'actif de la société, je vais étudier son passif.

On a des dettes ; il faut payer ; qui paye ? C'est simple : l'obligation oblige, le débiteur paie. C'est simple, mais faux.

Il a été vrai autrefois que l'obligation obligeait. Cela fut vrai à une époque où le débiteur était tenu sur lui-même, sur sa chair, sur sa peau, à une époque où les créanciers pouvaient se partager le corps de leurs débiteurs.

Aujourd'hui, si je suis obligé, ce n'est pas moi qui suis obligé, ce sont mes biens. Ne dites pas que c'est la même chose, je viens de vous montrer que ce n'est pas la même chose.

Aujourd'hui le capitaliste a des droits, le capital a les devoirs. L'homme fin en soi, c'est le capitaliste.

Son capital a des devoirs, il cherche à y échapper. Le capitaliste s'oblige, et tous ses biens seront obligés. Il faut éviter cela, et on l'évite par tous les moyens. Le seul dont je veuille parler ici est celui dont j'ai déjà parlé en examinant l'actif social : on met une partie de ses capitaux dans une société anonyme ; les affaires vont bien, et une action de cinq cents francs monte à dix mille francs ; elles vont mal, on perd ses cinq cents francs, et voilà tout ; on n'est pas tenu sur son patrimoine.

Ainsi, de plus en plus, il y a, d'un côté, les capitalistes qui n'ont que des droits — qui sont des créances — et les capitaux, de l'autre, qui ont des devoirs.

C'est d'ailleurs une loi certaine que l'obligation de moins en moins nous oblige. On a saisi d'abord l'homme, puis la propriété de ses biens, puis leur possession, puis leur valeur, et aujourd'hui il arrive qu'on ne saisit plus même ses biens, mais des biens sur lesquels il n'a que des droits de créance, mais des biens de sociétés. Les sociétés sont là pour être obligées, pour que les individus ne soient pas obligés. Les sociétés anonymes, les personnes morales ont les devoirs, les personnes humaines ont les droits.

Pas toutes, et nous avons vu que cela n'est pas vrai pour l'ouvrier isolé qui contracte avec un patron ; celui-là est tenu sur son être, et, s'il n'a qu'un salaire correspondant à ce qui est nécessaire pour produire, celui-là n'a que des obligations, il n'a que des devoirs, il n'a pas de droits.

Mais, que les ouvriers contractent collectivement : alors, nous savons déjà que leur collectivité acquiert un droit, une créance du travail sur le capital.

Or, quelle est l'obligation de cette collectivité, quel est son devoir ? Quel est le passif du travail ? Il n'y a pas de passif de travail. Car qui n'a rien n'a pas de dettes, qui n'a rien ne doit rien. Car seules les choses sont obligées, et, là où il n'y a pas de capitaux, il n'y a pas d'obligations. Car la plus belle fille du monde ne peut donner que ce qu'elle a.

(On veut donner aux syndicats l'aptitude à acquérir immeubles comme meubles à la façon des sociétés capitalistes. Mais, tandis que la société anonyme supprime l'obligation du capitaliste, la personnalité morale du syndicat lui créera des obligations) (1).

Ainsi le capitaliste n'a pas de devoirs et l'ouvrier n'en a qu'un, qui est le travail.

Et ce travail absorbera le capital ! C'est justice, et les économistes orthodoxes approuveront : ils disent que le travail légitime la propriété. Or la propriété s'acquiert par toutes sortes de moyens, excepté par le travail ; même le travail de production, de création, ne donne pas la propriété, et, ce qu'on appelle propriété artistique, littéraire, scientifique est un droit à des valeurs, à des bénéfices, une créance, limitée, d'ailleurs, dans le temps et l'espace, et qui, en fait, profite généralement plus au capitaliste qu'à l'inventeur.

(1) *Note ajoutée.* — Voir aujourd'hui la loi du 12 mars 1920 qui a donné aux syndicats, et même aux unions, capacité juridique complète sauf la capacité commerciale.

.˙.

Il est donc naturel que la créance collective du travail absorbe celle du capital, et elle l'absorbera.

Un principe avait été dégagé, à savoir que nous sommes responsables — que nos biens sont obligés — quand nous agissons sans droit. Et cela signifiait : nous sommes responsables quand nous causons préjudice sans être propriétaires ; nous ne sommes pas responsables quand nous causons préjudice en étant propriétaires. Or, nous ne pouvons pas agir sans droit, attendu qu'il y a, à côté de la propriété, un autre droit qui s'appelle la liberté, par conséquent nous sommes responsables, lorsque, en exerçant nos droits, nous portons atteinte au droit d'autrui : pas de droit sans devoir.

On juge depuis longtemps que le propriétaire est responsable lorsqu'il abuse, du moins lorsqu'il abuse aux dépens d'un autre propriétaire. Puis on est allé plus loin, on a condamné le propriétaire à des dommages-intérêts quand il causait préjudice à d'autres qu'à des propriétaires, par exemple à des ouvriers ; c'est la responsabilité du capital en cas d'accident du travail, c'est ce qu'un de mes collègues a appelé la responsabilité du fait des choses, et, au-jourd'hui, on commence à avoir le sentiment que le capital doit payer l'usure ouvrière, après la tâche de la vie, que l'ouvrier n'a pas plus à payer sa retraite qu'il n'a à payer son salaire.

Et vous voyez que la créance du capital est menacée, en s'exerçant, par la créance du travail. Elle est menacée parce que nos capitaux sont responsables lorsque, en exerçant nos droits, nous portons atteinte au droit social. La Cour de Cassation déclare un propriétaire responsable envers un autre parce que, en lui causant préju-dice — ce qui ne suffit pas, il faut qu'il y ait atteinte au droit, et on ne sait où est la limite entre le préjudice et l'atteinte au droit — il s'est causé préjudice à lui-même.

.·.

Résumons :

L'ouvrier isolé n'a pas de droits, il n'a que des devoirs ; la collectivité ouvrière a, par rapport aux capitaux, des droits, elle n'a pas de devoirs ; et le capitaliste n'a que des droits, c'est son capital qui a les devoirs.

Le capital est le passif social ; il sera mangé par l'actif, qui est le travail.

Aussi bien le capital est menacé de toutes parts : impôt, monopoles, irréligion. Le capitaliste se dissimule, fait semblant de ne pas posséder. Mais, à force de sembler n'être pas propriétaire, on finit par ne plus l'être.

Donc, à côté du socialisme, l'étatisme poursuit la fortune privée (1). Mais, de même que la propriété, une fois libérée de l'étreinte féodale, entend sonner l'heure de son agonie, de même l'Etat, lorsqu'il aura acquis tous les droits, lorsqu'il rentrera dans le droit, aura à son tour préparé par sa libération sa chute, et, comme la propriété sera absorbée par le travail, ainsi l'Etat sera absorbé par la collectivité.

Ce jour seront réalisés le droit au travail, les droits du travail.

Le monde n'aura pas fini sa marche. Car il faudra alors assurer le droit à la vie heureuse, et, adaptant toujours davantage l'individu à son milieu et à lui-même, faisant cesser le conflit des êtres, les conflits dans l'être, mettre fin

(1) Il n'y aurait pas à opposer l'étatisme au socialisme, dans une démocratie, si le principe de la représentation nationale était vraiment l'expression d'une réalité. En tout cas, l'étatisme vient au secours du socialisme quand il est mis en œuvre pour créer — c'est la politique réformiste — une conscience collective, révolutionnaire.

à cette tragédie perpétuelle et discrète qu'est l'existence de l'homme conscient.

Après avoir passé par la méthode, je retourne à l'utopie. L'homme rêve sa vie avant de vivre.

V

L'Attente (1909)

L'ATTENTE (1)

Dans le régime de propriété :

1° Les droits principaux sont acquis comme individuels et perpétuels ;

2° Ils reposent sur les croyances des possédants, ou plutôt sur l'Etat, expression des croyances que la violence peut sanctionner. Ces croyances s'élaborent sur des situations de fait (possessions) et sur des procédures (procédures de preuves et autres).

Seul l'Etat assure ou enlève aux individus leurs droits. Il exerce ou délègue la faculté d'exproprier (sauf une révolution dont la violence victorieuse crée un autre Etat). C'est la loi qui donne, c'est la loi qui ôte, c'est-à-dire la volonté de l'Etat.

(1) Extrait de « *Le droit repose sur des croyances* » (Questions pratiques de législation ouvrière, juin-août 1909) qui a paru dans les *Cahiers du socialiste* sous le titre : « *Capital et Travail* ».

I

LES VALEURS CAPITALISTES

Autre aspect, autres principes.

1° Aux droits individuels et perpétuels se substituent des droits collectifs et temporaires ;

2° Aux croyances de l'Etat les croyances de tous sanctionnées par l'Etat ou sans l'Etat.

Cela est la conséquence d'une transformation économique qui met à la place de la possession la valeur et de la propriété le travail.

La vie commerciale et industrielle remplace la notion de possession par la notion de valeur. On n'y considère pas les biens en eux-mêmes et pour la jouissance qu'ils donnent, on les considère au point de vue des bénéfices qu'ils procurent. Les choses n'y sont pas ce qu'elles sont, mais ce qu'elles valent.

Et, si les hommes sont sans influence les uns sur les autres en dehors du rapport d'Etat au point de vue de la possession, ils ont influence les uns sur les autres au point de vue de la valeur. Selon les fluctuations de la production et de la consommation, selon les désirs qui font créer, vendre, acheter, les valeurs montent ou descendent. Et voici que les influences qui sont dans la vie physique et morale pénètrent la vie économique.

Ce domaine de la valeur ne comprend pas seulement ce qui est susceptible de possession et qui par soi-même procure une jouissance. Ainsi la valeur se manifeste sous forme de monnaie métallique et de papier..., monnaie qui n'est pour ainsi dire rien comme objet d'usage, papier qui n'est que du papier, mais argent, mais papier qui ont une valeur, qui sont des valeurs. Valeurs qui reposent sur quoi ? Je sais par la cote de la Bourse que telle action vaut tant ; valeur qui repose sur l'opinion qu'on s'en fait, opinion pure de tout désir de possession. Ce n'est pas une chose que je veux, je veux un chiffre, et le titre vaut ce qu'on croit qu'il vaut ; croyance fondée ou non fondée : le débiteur est solvable, l'entreprise est bonne, ou les spéculateurs sont habiles, ou il y a des deux. Ici la croyance crée l'objet de son droit, et les croyances des uns ont influence sur l'objet du droit de tous.

La valeur ne constitue jamais un droit acquis. Je garde mon action, je détache le coupon ; toucherai-je des dividendes, et quels ? Cela dépend de tous les phénomènes qui font ou défont une entreprise : direction, administration, production, débouchés, confiance et chance.

Ce droit, indépendant de toute possession, est la créance, le droit que crée la croyance.

Il a les caractères suivants :

1° Il dépend dans sa réalisation, dans sa transformation en une possession d'argent ou de choses, de la solvabilité du débiteur, et aussi de toutes les circonstances individuelles et collectives, de tous les événements quelconques qui modifient cette solvabilité. Il est solidaire de tout.

2° Il est temporaire et variable. La créance est destinée à s'éteindre (normalement par le paiement, le remboursement) ou à se modifier (ainsi par la conversion), et toujours à changer selon les ressources du débiteur et la foi qu'il inspire, à se modifier d'autant plus qu'elle s'exerce sur une entreprise plus incertaine et plus vaste, que son gage offre plus de prise au destin.

3° Tandis que la propriété a sa base solide dans le passé, dans une possession antérieure, la créance dépend de l'avenir ; elle est économiquement un droit toujours éventuel.

Ainsi par elle est combattu l'esprit de tradition, qu'abritent les possessions anciennes : elle fait vivre dans un présent fluide qui est déjà du futur. Est-ce que je toucherai ? Est-ce que je posséderai ? Que sera demain ?

4° Elle dépasse les frontières de l'Etat que

limite son territoire. La fortune en valeurs est internationale, la propriété foncière nationale.

5° Elle est extrêmement divisible ; elle est la forme la plus individuelle du droit. Plus son gage est étendu, plus elle peut être prodiguée.

Surtout, me plaçant au point de vue des règles juridiques, je répète que le domaine de la valeur est celui de l'influence. Le principe n'est plus ici qu'on ne peut pas nuire à autrui, qu'il y a une barrière entre le droit de l'un et le droit de l'autre. C'est exceptionnellement et indirectement que l'État protège la valeur contre les actes des tiers : ainsi, lorsqu'il y a accaparement (art. 419 du Code pénal — et encore la jurisprudence ne connaît presque pas ce texte : notamment elle refuse de l'appliquer aux syndicats d'émissions d'actions ou de titres quelconques) ; ainsi lorsqu'il y a manœuvres frauduleuses pour opérer la hausse ou la baisse des prix des denrées ou marchandises, des papiers ou effets publics (même article — et cette fois encore les tribunaux reculent : ils ne punissent pas quand les manœuvres concernent des actions ou obligations).

Même lorsqu'il s'agit de créances sur un débiteur déterminé, le sort du droit n'est pas seulement entre les mains du créancier ou du débiteur : en cas d'insolvalibité chaque créancier subit la loi du concours de tous et, si le débiteur est en faillite et qu'il y ait concordat, la décision de la majorité des créanciers et des créances, qui fait au failli remise de sa dette, s'impose à la minorité. C'est comme une assemblée d'actionnaires dont la majorité lie la minorité ; ainsi les créances les plus individuelles ont déjà quelque chose de collectif.

Ce que j'ai dit de la valeur considérée comme indépendante de toute possession, je pouvais le dire en principe de la valeur considérée comme une qualité des choses possédées. Au point de vue de la valeur, l'individu est un créancier de sa propre chose, est son propre créancier. Et sa créance subit la loi du marché, qui est faite par les forts ; le petit paysan est à la merci des intempéries économiques comme des intempéries naturelles.

Toutes les valeurs qui s'ajoutent aux objets tels qu'ils sont donnés par la nature sont créées par l'activité humaine ; toutes ces richesses sont l'œuvre du travail d'invention, de transformation, de déplacement. Mais, en régime de possession individuelle, lorsque les choses ont augmenté de valeur par le travail, elles continuent d'appartenir à ceux qui en étaient déjà possesseurs ; et, dans les groupements capitalistes, sociétés anonymes, trusts, etc..., les bénéfices nets vont aux porteurs de titres. Ces titres sont cotés selon les richesses probables que donnera l'entreprise ; le titre a été émis en vue d'un travail, afin d'en permettre l'exécution ; l'argent qui l'a payé est une avance, la manifestation du crédit, de la confiance que fait au travail futur la fortune acquise. Le prix de vente des richesses ainsi créées, expression des croyances qui se manifestent dans le jeu de l'offre et de la demande, dépendra particulièrement des besoins de la consommation, et ce prix pourra être forcé d'autant plus qu'il y aura davantage monopole au profit de particuliers. Ainsi le taux d'émission et de négociation des titres représente un espoir d'exploitation des hommes en tant que producteurs et en tant que consommateurs. La valeur de ces titres a pour base le travail et les croyances qu'il fait naître ; le travail crée leur valeur, mais leur valeur n'appartient pas au travail.

C'est au moment, au moment seulement où la valeur apparaît sous forme de créances, où la possession ne l'a pas encore absorbée, où elle n'est pas encore devenue propriété, qu'elle peut être revendiquée par le travail : car , non seulement le travail ne rend pas propriétaire, mais la propriété qu'il crée fait s'évanouir sa puissance. Les traitements, les salaires sont payés : nous sommes quittes ; c'est maintenant le tour des possesseurs, des banquiers, des entrepreneurs, c'est maintenant le tour de ceux qui ont « fait travailler leurs capitaux », c'est maintenant le tour du crédit : ce crédit, c'est du travail escompté.

Enfin, sur les valeurs, quelles qu'elles soient, l'État exerce un pouvoir tout différent de celui qu'il exerce sur les possessions. Il maintient, il trouble les possessions par la violence. Il les trouble avec ou sans indemnité. Indemnité est due, dans la pratique actuelle, lorsque les possessions sont enlevées aux individus pour cause d'utilité publique, lorsqu'il y a dommage causé à la propriété par l'exécution de travaux publics, lorsque sont établies certaines servitudes d'utilité publique. Dans les autres cas d'atteinte légale aux possessions, le législateur ne donne pas et ne peut pas donner d'indemnité ; sinon il lui serait impossible de servir les intérêts de la collectivité, de légiférer sur l'hygiène, la sécurité, la protection des travailleurs, locataires, consommateurs, etc... On n'a pas coutume d'admettre que l'État doit réparation aux coupables. On n'indemnise pas les gens parce que ce qui a été toléré devient une contravention, un délit, un crime.

Surtout, lorsqu'aucune atteinte n'est portée à la possession, au droit d'user, de jouir, de disposer, mais qu'il y a atteinte à la valeur, il n'est pas question en principe d'indemnité : or, c'est un effet constant des actes de l'Etat, de ses lois, douanières, fiscales, lois d'exécution, etc… de fortifier ou de déprimer les entreprises, de créer ou d'anéantir les valeurs. Selon la sécurité qu'il offre, les garanties qu'il fournit, le crédit qu'il apporte, c'est richesse, médiocrité, misère ; il peut vouloir être indifférent comme le destin, ou comme lui être favorable aux forts (garanties d'intérêts aux grandes compagnies, primes à la marine marchande, crédit aux coopératives agricoles, etc…) : il n'importe ! la valeur n'est jamais un droit acquis, ni en présence des hommes, ni en face de l'Etat, dont l'intervention produit ici, par d'autres moyens, les mêmes effets que ceux que produit l'activité collective. Par rapport à la valeur, l'expropriation se fait sans violence directe et sans indemnité. L'Etat ne fait indemniser que lorsqu'il porte atteinte à un monopole légal (création d'offices ministériels, concurrence déloyale par l'Administration à un inventeur breveté).

II

LE CONTRAT ET SA RUPTURE

Voilà les valeurs, les créances capitalistes, les droits créés par le travail. Et le travail ? Quel est son droit ? Nous savons qu'il ne rend pas propriétaire. Un ouvrier est engagé chez un patron ; il est, par son labeur, créancier de salaire ; un autre acte, l'acte par lequel le patron remet de l'argent à l'ouvrier, rend celui-ci propriétaire..., si le patron paie l'ouvrier, s'il peut, s'il veut.

Mais le travail peut rendre créancier ; c'est, pour le travail, la seule forme du droit, travail d'invention comme de transformation, travail intellectuel comme travail manuel ; et, ce qu'on nomme propriété scientifique, littéraire, artistique, est une créance, ce n'est pas une propriété.

Le travail rend créancier, créance fragile : l'ouvrier est créancier s'il travaille, il n'est pas créancier s'il ne travaille pas, et il n'a pas droit au travail.

Mais le travail devient une valeur.

Ici je bifurque, je pose la question classique : la grève est-elle une cause de rupture ou de suspension du contrat de travail ? La question est mal posée. Il faut voir si telle grève est une violation juste ou injuste du rapport ancien.

Grève juste : les ouvriers sont quittes. Grève injuste : ils devront réparation ; ceux qui l'ont voulue, provoquée, non ceux qui l'ont subie, et pour qui elle est un cas de force majeure.

Croyances créées, croyances trompées, croyances créées par les contrats, croyances créées par la grève, justice, injustice. Ici encore nous voyons qu'il n'y a pas un principe. On a parlé de suspension dans l'intérêt des ouvriers, de rupture contre eux. Mais les textes sur la suspension ou la rupture ne font que renvoyer le juge à l'appréciation des usages, de l'équité, des croyances ; ils ne tranchent rien. Rupture injuste : réparation. Suspension injuste : réparation. Et il est plus grave de suspendre l'exécution d'un contrat qu'on devait exécuter que de rompre l'exécution d'un contrat qu'on ne devait pas exécuter. Il s'agit de forces en lutte.

Après la grève, le travail est offert par qui ? Disons : par le syndicat. Mais qu'est-ce que le syndicat ? Il est, ni plus ni moins, la mise en œuvre du droit d'association au profit des intérêts professionnels. Son rayon se projette sur tous, syndiqués et non syndiqués, présents et futurs. C'est la profession, c'est le travail qui a le droit de contracter, d'agir, la profession dont le syndicat est l'expression, mobile, changeante ; syndicat tantôt puissant, tantôt faible ; il se forme, il se transforme, il se dissout, il se divise. Le syndicat est le travail, représenté par ceux qui prennent la décision d'agir en son nom.

Donc :

1º La grève viole le droit acquis, elle affirme qu'il n'y a pas de droits acquis. Elle ne se termine pas par un jugement qui décide : les ouvriers ont promis de travailler pour tant, ils doivent travailler pour tant. Les ouvriers avaient promis ou ils n'avaient pas promis ; il n'importe, la grève ne connaît pas le passé.

2º Elle aboutit à un arbitrage ou à un contrat.

3º Le travail est devenu une valeur ; la collectivité ouvrière croit en elle-même, elle crée sa vérité pratique.

4º Sa croyance ne s'affirme pas directement. (Elle peut s'affirmer directement, par exemple dans une coopérative de production). Elle s'affirme contre le capital, comme créance sur le capital. Créance qui se manifeste par le travail et par le refus de travail, en s'exerçant ou en ne s'exerçant pas, en créant ou en ne créant pas les richesses sur quoi elle porte, qui, ainsi, à la limite, peut faire tomber à zéro la croyance des capitalistes, ceux-ci s'expropriant alors sans indemnité.

Ainsi : 1° Le contrat remplace la loi.

2° Le travail échappe à la justice d'Etat ; la force, la croyance ouvrières sont en conflit direct avec la force, la croyance capitalistes.

Se libérant de la justice, le travail se libère de la violence. Triomphe de la force contre la violence. Et seuls des actes de violence feront de nouveau entrer dans le rapport violent d'Etat.

Créance du travail, mais créance collective, non créance individuelle. L'ouvrier n'a pas un droit au travail ; l'organisation professionnelle, par sa puissance, lui permettra de s'embaucher comme elle le fera exclure.

L'homme dépend des croyances de son groupe ; tyrannie du groupe : le groupe adopte, il exclut. Tyrannie que corrigent la multiplicité des groupements et le développement, dans la société économique, de croyances communes supérieures aux groupes. L'Etat, dans son rôle d'arbitre tentant d'exercer son prestige sur les collectivités ouvrières, se purge de la violence. L'homme dépend des croyances sociales : il y a fusion des sanctions civiles, pénales et disciplinaires.

Mêmes phénomènes, mais grossis, dans le prolétariat d'Etat : substitution directe du contrat à la loi, créance du travail contre l'Etat, créancier lui-même du capital. L'homme fonctionnaire du groupe professionnel, et les groupements d'Etat ainsi le transforment, en même temps que la force acquise de l'Etat limite leur puissance. Par là se réalise la division des pouvoirs, qui n'est qu'artificielle en régime démocratique (étant donnée la dépendance en droit ou en fait du judiciaire, de l'exécutif, du législatif). Et cette puissance des groupements, contre l'Etat, dans l'Etat, grandit d'autant plus que l'Etat, se faisant industriel, acquérant des monopoles, devient davantage capitaliste ; capitaliste, il est débiteur du travail, le capital d'Etat, ainsi que le capital individuel, étant le passif, tandis que le travail est l'actif.

L'ASSURANCE

Par une autre voie l'influence réciproque des hommes dans le régime des valeurs protège la vie et le travail. Je veux parler des assurances.

Assurances contre les accidents, la maladie, le chômage, assurances contre la vieillesse, assurances..., toutes se servent du destin. Par elles — par la loi des grands nombres, par les calculs de probabilités sur quoi elles s'appuient, les chances mauvaises et les chances heureuses des uns deviennent favorables aux autres.

L'assurance contre le risque supprime le principe même de la responsabilité civile : il n'est plus question que de préjudice.

L'assurance crée le droit à la vie et, indirectement, protège la créance du travail.

La caisse de grève rend les ouvriers plus forts pour défendre cette créance et l'augmenter ; les caisses de chômage et de retraite diminuent le nombre de ceux dont la faim fait baisser les salaires de tous.

Ainsi les sécurités les plus grandes se trouvent dans les créances les plus lointaines, les plus conditionnelles, dans les contrats les plus aléatoires. L'homme met sa croyance dans l'avenir ; contraste avec le régime de la possession.

CONCLUSION

Je veux de la clarté au milieu des luttes par l'emploi d'une langue qui exprime des sentiments simples et communs. Vidée de ces sentiments, la terminologie juridique ne peut être, comme tant d'autres terminologies religieuses, politiques, que logomachie, masque d'habitudes, politesse de la force, drapeau de parti, d'école. Il y a des pratiques ; notre art de juriste met les mêmes étiquettes sur les pratiques successives, insuffle aux vieux mots une vie nouvelle : ainsi on agit sur l'esprit du juge accoutumé à un certain langage, ainsi on fait la croyance du juge. On dit alors qu'on explique, comme quand on appuie ses décisions sur un texte de loi. Les étiquettes restent, les institutions changent.

On assouplit les formules par l'intention présumée du législateur, par des présomptions de volontés individuelles — ce qui n'est que façons de faire entrer les croyances dans les cadres juridiques — par des fictions.

Puis, à de certaines périodes, les pratiques protectrices des droits dénoncent les principes sur quoi ils s'appuient, la justice les dissout, l'économie les chasse ; alors apparaissent à nu les croyances des possédants, de l'Etat, et, dans la pénombre, la foi des hommes en eux-mêmes.

J'ai voulu saisir directement les croyances et les exprimer dans un langage qui livre à la transformation sociale la puissance de la tradition.

VI

La Créance (1911)

LA CRÉANCE (1911) (1)

Le contrat de travail est un acte de volonté, il doit être respecté ; il est intolérable qu'un arbitrage collectif en consacre la violation : voilà une position juridique.

L'arbitrage sera sanctionné : objection ouvrière.

L'arbitrage ne sera pas sanctionné : objection patronale.

Je vais discuter. Auparavant examinons s'il y a un droit de grève. Certains le nient qui sont partisans de l'organisation, de l'arbitrage, de la participation aux bénéfices. C'est reconnaître le droit de grève ; car l'organisation permet aux ouvriers de revendiquer, et non platoniquement : les remèdes contre la grève en sont les fruits, elle est la naissance du prolétariat au droit collectif sur les bénéfices de la production. Dans le régime des valeurs, toujours croissant, le travail manuel veut sa part crois-

(1) Revue socialiste, 1911, p. 258, sous le titre « *Volonté et Arbitrage* ».

sante, son échelle mobile. L'aurait-il sans la grève ? Avec le louage d'ouvrage à durée indéterminée, la grève ne rompt ni ne suspend le contrat, car il n'y a pas contrat. On objecte que l'article 1780 nouveau suppose un contrat qui se reforme successivement (1) ; mais ce texte a été inséré au Code par des ouvriers, parce que certaines Compagnies de chemins de fer leur avaient assuré une retraite dont le renvoi les privait ; ainsi une première participation au capital les a liés à l'entreprise et a lié les entrepreneurs envers eux, grâce au droit de pétition avec la pointe de la grève. C'est donc singulièrement qu'on invoque contre elle l'article 1780 ; il y a dans la grève le moment important où elle menace : alors le patron apprécie la force de production et de résistance du personnel ; mais comment menacerait-on d'un droit inexistant ? L'article 1780 consacre une participation éventuelle, un droit futur ; le prolétariat, ainsi armé par l'avenir ,veut une participation actuelle, un droit immédiat ; plus ce droit grandit, plus les ouvriers risquent ; ils demandent ces risques capitalistes, mais avec les avantages. En attendant, quelle sanction

(1) a. 1780 (loi de 1890) : « la résiliation du contrat par la volonté d'un seul des contractants peut donner lieu à des dommages-intérêts ».

contre les grévistes ? Revenir à la répression, effacer la loi de 1864 ? Mais qui poursuivre? Tous les grévistes ? Il n'y a pas de place dans nos prisons. Les meneurs, c'est-à-dire les agents d'exécution ? Ils sont complices, la complicité ne va pas sans un délit ; quel délit ? de détournement, de vol de travail ? Mais les grévistes n'ont pas un monopole ; le travail est dans le commerce. La grève n'est pas de l'accaparement. Enfin, punit-on le commerçant qui suspend ses paiements et demande la liquidation judiciaire ? Il est seulement vrai qu'un commerçant fort tient son prix plutôt que de déposer son bilan.

Pour conclure, la grève est le produit d'un régime collectif qui peut être celui des ouvriers ; le droit se forme, ici comme toujours, par une rupture. La question « si la grève est un droit » ne se poserait pas sans un langage défectueux ; la grève compromet le renouvellement du contrat dans le louage à durée indéterminée, le contrat dans le louage à durée déterminée et, en tout cas, elle rend les ouvriers responsables, si elle est injuste ; mais tous les droits ont cet effet, seuls ceux qui n'ont pas le droit, qui sont incapables de l'exercer, ne sont pas responsables s'ils en usent. On résoud la question par elle-même en disant : la grève n'est pas un droit, elle doit être punie ; trouvez d'abord une punition.

Revenons à l'arbitrage : il sera sanctionné ; il ne sera pas sanctionné. Griefs contradictoires, qui portent aussi contre le contrat. Mais la question est mal posée par une confusion entre arbitrage et jugement. L'arbitrage collectif est l'expression d'une économie mobile. Punit-on le cours de la Bourse ? Que le salaire soit fixé par la procédure du contrat ou de l'arbitrage, le contrat de travail n'est pas le travail forcé : *nemo precise cogi potest ad factum*, on ne peut obliger quelqu'un au travail ; et quand nous disons : le contrat collectif oblige, cela signifie qu'il crée une obligation sociale, qu'il faut tenir compte de l'opinion, qu'une nouvelle grève peut aboutir à des révocations irrévocables (ce qu'on ne peut pas espérer, c'est une combinaison de la grève avec un statut inviolable).

Abordons de nouveau le contrat. Il est une manifestation de volonté : qu'on laisse patron et ouvrier s'entendre. Il est toujours imposé, par le syndicat s'il est collectif, par le patron s'il est individuel : qu'on ne parle pas de contrat. Voilà les cloches. Mais on peut dire ou ne pas dire que le contrat est un acte de volonté : on agit ou on n'agit pas, dans tous les mondes, et, lorsque, pour agir, on fait appel au capital ou au travail, on contracte. Volonté qui oblige ? Si votre femme dépense trop, vous payerez : tu l'as voulu... Volonté ? Mais le contrat du fou qui n'est pas fou officiellement ou notoirement est valable si la preuve de la folie ne résulte pas de l'acte lui-même. La volonté a une fonction négative : j'ai promis sous l'influence de menaces, de manœuvres : mon contrat est nul pour violence ou dol. La volonté a une fonction positive : j'ai promis, mais pas cela, que vous devez tout de même conformément à l'usage, il y a « volonté présumée ». Je n'ai rien promis, mais j'ai agi : je risque les obligations d'un gérant d'affaires. On situe le génie de l'obligation dans une volonté, expression intellectuelle, sociale, de l'action : c'est l'esprit du lieu qui lie, qui protège (1).

On tire de la volonté justice, injustice. Il arrive qu'elle ne suffit pas à la tâche : j'ai promis pleinement, mais le juge annule ma parole : l'esprit s'est métamorphosé, il est devenu l'ordre public.

La volonté contractuelle est l'acte de con-

(1) Le passage depuis « je n'ai rien promis » est en partie d'après *La Confiance légitime*, Revue Trim. de Dr. Civ., 1910, p. 719-720.

fiance légitime, c'est-à-dire de confiance selon les pratiques.

On agit, alors on contracte ; la grève devient contrat lorsque, crainte, espoir, procédure, naît le droit.

VII

Le Crédit (1911)

LE CRÉDIT (1)

1

Nous avons besoin d'un langage correspondant aux institutions et qui soit juridique.

Exemple : il faut définir les patrimoines collectifs. On en écarte l'idée, on les individualise, on les rattache à des individus fictifs, des personnes morales.

Ces patrimoines, ces personnes, ces fictions sont les vraies réalités sociales ; les biens circulent ; on contracte ; le propriétaire loue sa maison, le banquier prête son argent, le fabricant vend son produit, le commerçant emprunte sur son fonds. Ainsi, successivement ou simultanément, plusieurs ont des droits sur des biens qui appartiennent à quelques-uns. Le droit est provisoire, limité. Ce n'est pas par rapport à un, mais à tous ceux qui ont ou peuvent avoir des droits sur les biens, c'est par rapport à tout le monde, qu'il faut définir les

(1) *Revue socialiste*, 1911, p. 545, sous le titre : « *La personne et le patrimoine* ».

patrimoines d'individus ou de sociétés ; nous avons alors cette première définition : le patrimoine est un ensemble de biens qui sont l'objet ou le gage des mêmes rapports de droit (de confiance légitime), des mêmes comptabilités sociales (1).

Les biens sont dans une circulation constante ; la personne aussi est dans un état de transformation infinie ; la personne est l'individu tel qu'il se comporte socialement : ses droits et ses obligations changent, son patrimoine varie selon la créance qui va à lui et qui vient de lui.

Et voici une seconde définition du patrimoine et de la personne : le patrimoine est le crédit, la personne est le crédit ; la notion du crédit enveloppe toutes les croyances juridiques, toutes celles qui ont une valeur sociale, que ces croyances aient pour objet mon être ou mes biens, mes aptitudes ou ma fortune ; tout cela est ma richesse, la confiance qu'inspirent mes biens ne va pas sans celle que moi-même inspire, et réciproquement ; je peux, par mon travail, acquérir ou produire, mais je

---

(1) Appliquer cette définition aux patrimoines individuels (successions et faillites en plusieurs pays, bénéfice d'inventaire, séparation des patrimoines, etc.)

peux, négligent compromettre, prodigue gas-
piller, fou détruire, et, ainsi, que je possède ou
non, le patrimoine n'est pas les choses ; enfin,
la personne morale est le crédit d'une collectivité, ou, ce qui revient au même, la signature
au nom d'une collectivité.

Confiance : confiance que créent l'être, l'avoir,
passé, présent, espoir ; elle est selon la tradition, le milieu, l'homme, ce qui a été, ce qui est,
ce qui sera ; elle perd, elle gagne ; nos droits
sont sans limites fixes.

Confiance légitime : car nos droits ne sont
pas sans l'État (les pratiques protectrices), sans
l'ordre légal.

II

Il n'y a pas à dire que le capital est où sont
les choses, car les biens existent, la terre est
sans nous (ce qui n'est pas sans nous, ce sont
les droits) ; il n'y a pas à dire que le capital
est entre les mains de ses possesseurs, car ce
qui produit est en la possession de ceux qui,
bien ou mal, produisent : propriétaires, fer-
miers, directeurs, administrateurs. Des capitalistes vivent en touchant loyers, intérêts, dividendes ; mais, pour devenir productif, leur
argent va au capital actif comme leur terre y

est allée. Ils ont, par leur pouvoir d'achat, une puissance de consommation, mais elle est le reflet de la puissance de production : l'argent ne se consomme pas et ne produit pas ; il n'est que l'idole de la foi économique ; il abstrait en croyances les besoins, leur donne la sécurité, les élève à l'idée ; mais la réalité est dans le travail, dans les sacrifices des hommes.

Dériver le capital, le crédit vers le prolétariat est un problème d'organisation de sa production.

L'ouvrier est en dehors du crédit. Qu'il quitte sans motifs valables le chantier, son patron saisira peut-être les salaires payés par un autre patron ; précisément ce minimum de sûreté, ce n'est pas l'ouvrier qui l'offre, mais le patronat. Plus généralement, c'est la personne qui contracte, c'est-à-dire l'individu dans la mesure où on peut compter sur lui en fonction d'un certain milieu. Vous avez des dettes, vous ne payez pas, je vous saisis ; c'est-à-dire que, si vous avez des créances, je poursuis vos débiteurs, c'est-à-dire que, si vous avez des biens, je les fais vendre et poursuis les adjudicataires ; seul l'argent, symbole de créance, est directement saisi.

Le syndicat est le milieu de la confiance professionnelle, du crédit, du patrimoine ou capital ouvrier, de la personne ouvrière. Son droit est négatif dans la grève. Mais des institutions le rendent positif : caisses d'assurances d'où, sous le contrôle commun, l'argent va aux ouvriers aux périodes de crises, et par lesquelles le droit à la vie existe pour les époques de travail comme pour celles de non-travail, coopératives, surtout les plus à la portée, où le consommateur devient non acheteur mais coopérateur. Ainsi le circuit capitaliste est réduit, ce circuit où l'argent fait crédit au travail, où le travail fait crédit à l'argent, où, pour retourner au consommateur, le produit paie ses péages aux intermédiaires, aux assureurs du risque que créent les débouchés incertains. Par la coopérative, le travail cesse de se faire crédit au profit de ceux qui possèdent ce qui représente sa foi.

Voilà des chemins par où le droit collectif actuel, avec prélèvements capitalistes, mène au collectivisme, au capital sans les droits acquis (1).

(1) Cette conclusion est empruntée à « *l'Analyse sociale du change* » (Mouvement socialiste, 1912, p. 165).

VIII

Droit naturel (1922)

DROIT NATUREL (1)

Le respect de la propriété a deux aspects perpendiculaires :

1º On ne transmet pas des droits qu'on n'a pas.

Ce qui serait évident si les droits étaient des objets.

Mais les droits sont des idées : pressons ce bouton, il s'anime, et voici de la lumière.

Ce principe est un précepte, une recommandation : « On ne transmet pas le droit qu'on n'a pas ».

2º On ne porte pas atteinte aux droits d'autrui.

Ce qui serait évident si les droits avaient l'existence, s'ils étaient des absolus. Mais ils sont des relations. Il est vrai que nous ne portons pas atteinte aux droits des tiers : ils nous prouvent qu'ils sont des tiers quand nous ne les atteignons pas.

La pratique se moque de la phrase, la loi

(1) Extraits de l'*Introduction au droit naturel* (éditions de la Sirène, 1922).

ne rend pas la place : l'acheteur a la propriété ou possession légale (art. 1402, C. C.), il a le droit de posséder, quand il possède, quand il se meuble, même lorsque son vendeur n'était qu'un dépositaire infidèle : en fait de meubles possession vaut titre (art. 2279, C. C.).

On prouve la propriété de la terre selon la prescription, laquelle est l'ancienne possession. Mais un titre de propriété fait preuve sans qu'on ait à remonter au delà de ce titre.

Conclusion : la croyance crée le droit.

Ces hommes ont agi de bonne foi, ou leur bonne foi est prouvée au juge, par la possession qui vaut titre, par le titre qui vaut possession.

Ce titre est la tradition, qui est le passé dans l'acte, qui est l'acte dans le passé.

Le droit est un monde de représentations actives.

1er acte, le corps : un paysan cultive.

2me acte, l'âme : ce paysan possède.

Par la magie, par l'image la sensation devient jugement.

§ II

Si celui qui revendique a un acte écrit, signé du nom du détenteur, et prouvant que le revendiquant lui avait baillé son bien à ferme et que le bail est terminé, il y a chose jugée : le fermier est évincé.

Les plaideurs sont les premiers juges.

Le contrat est un jugement, une interprétation, il est l'acte jugé (1) conforme, apprécié.

Au contrat, j'oppose le délit. Le délit est le préjudice, la chose illicite, il est ce qui provoque un jugement de réparation. Le coupable est celui qu'on punit, celui qui répond à son nom ou à son pouvoir (art. 1382 à 1386, C. C.).

On juge s'il y a délit ou contrat : ex. : je prends un livre chez un libraire ; ce geste provoque une juste colère : c'est un délit ; on juge ce geste naturel : c'est un contrat.

On juge en quel lieu, à quel moment la volonté a pu correspondre, et si elle est selon la loi, selon l'ordre.

On juge si un contrat n'est pas aussi un délit : l'acheteur qui a la bonne foi contracte, le dépositaire infidèle est un délinquant.

L'interprétation est plus facile quand il a

(1) Le jugement, la loi, la procédure du contrat, de l'acte de créance, peut être l'œuvre essentielle d'un contractant (émissions de titres, actions, obligations : le souscripteur ne fait que signer) ou du législateur (statut du fonctionnaire, conventions paritaires ayant force de loi) ou du juge (gestion d'affaires, imprévision dans les concessions de services publics).

été passé acte du contrat par notaire ou sous seing privé.

Le contrat est contradiction, créance à quoi on aspire et créance qu'on inspire, la personne active et passive.

Les créances sont les jugements, les croyances qu'elles sont.

Si l'action est successive, il se forme de nouvelles créances (art. 1780, C. C. : « il sera tenu compte du temps écoulé »).

Le contrat tient lieu de loi (art. 1134, C. C.) pour les parties, pour toutes les parties, pour tous les membres de la communauté, dans son cercle de représentation, dans son horizon de créances. Entre toutes, entre tous, il y aura lieu à un règlement de compte, selon l'interprétation, selon le profit et la dépense, compte social, compte de gestion. Pour ce règlement de compte selon les représentations actives ou rétroactives, la foi publique, il y aura, si on juge, des dits, contredits, positions, oppositions, appels, évocations, cassations.

§ III

Tout se paye.

Le payement est un autre moment du contrat, où les actes s'apprécient vraiment. La créance est réalité, métallique, publique.

Le payement renouvelle la dette avec la créance : l'argent achète, mais il paye, la monnaie est sonnante, elle est aussi trébuchante, elle libère en se livrant.

Le payement est un autre cercle de créances, un autre horizon ; il donne à la dette la sûreté de la créance, il subroge (art. 1251, C. C.).

Le payement procède à l'extinction complète de l'obligation : il est compensation de la dette, confusion de la dette et de la créance, il est prescrit et à l'instant prescrit la dette. Il est le présent, la récompense (art. 1473, C. C.).

Le payement est l'obligation naturelle (art. 1235, C. C.).

§ IV

Faute par la dette de répondre à la créance, un compte d'ordre intervient.

L'ordre ne se conçoit pas incréé, non pensé, non créé, non cru. Il est la contraction du désordre, de l'excitation, du chaos, de l'aliénation. Il est la cité, l'harmonie, le prochain. Il est possession de soi-même, pour son compte (*animo domini*), l'état du *sui juris*. Il est gouvernement de la pensée, de la langue, de l'action. Il est volonté, discipline, contrôle de soi et des autres. Il est l'Etat, qui est la passion dans l'ordre, le commandement. Il est création continue, passage à l'ordre du jour.

La personne est le compte à l'ordre duquel nous agissons en notre nom ou au nom de notre prochain. Elle est la forme de notre conscience. Elles est selon l'actif, le passif, selon les droits et les devoirs, selon les créances et les dettes, selon le crédit de chacun sur soi et les autres.

Elle se nomme aussi patrimoine, qui est l'actif gage du passif, le passé garant de l'action, le passé répondant du présent, le présent répondant du passé dans un dialogue où les voix se confondent, comme on voit des yeux se suivre le père et l'enfant.

La personne est société entre le débiteur et le créancier : si le débiteur gère le patrimoine au mépris de la foi sociale, le créancier le fait révoquer (art. 1167, C. C.). Si la personne faillit, un syndic vient, la liquide.

La personne est la société, la société est la personne.

§ V

Le crédit appelle l'argent. L'argent cède à son attraction. Le capital est un compte plus ou moins aléatoire entre la personne (crédit par ce qu'on est, crédit par ce qu'on a) et la fortune.

Dans le capital anonyme la fortune prend l'image de l'action.

Mais elle ne la possède pas. L'action est mouvement, valeur offerte, demandée, incertaine, insaisissable.

Cependant le risque s'assure, se neutralise, cherche dans le nombre sa loi, son ordre.

Le capital ne connaît pas ses limites, ses ministres vont vers une marche qui est le monde.

Leur décision fixe le prix du travail et le prix de l'existence, leurs comptes l'assurent contre le prévisible moyennant abonnement, forfait.

§ VI

Comment entre dans le contrat la consommation ? La coopération est la société associée, la personne, non sans profit, mais sans lucre. L'action connaît la dépense, la dépense paie l'action.

Comment introduire dans le contrat toute production ?

Le travail n'est pas un commerce, le faire une affaire, l'idée change avec l'idée dans un commerce intérieur ; l'individu ne contracte pas sans se rétracter, sans la rupture, la grève, la révolte, la sécession, la délivrance.

Mais le syndicat est la forme de la conscience professionnelle, son but est la loi du travail, la foi par la profession.

Que les chefs de ceux qui œuvrent, professent, rencontrent les chefs de ceux qui créditent et de ceux qui administrent, le présent répond : présent. Alors l'action, l'acte de créance, est selon son œuvre, rapporte selon ses besoins, ses charges : on dépense en travaillant, on profite en consommant. La vie a remplacé l'image. La fortune a perdu l'action. On est sorti de sa prison, on ne s'appartient pas, on n'est pas à part, on a sa part dans l'action. On est dans l'ordre, on se possède, on reconnaît son ennemi, son maître, on se réconcilie, on se concilie soi-même, dans le passif universel on connaît le seul actif. On n'est plus dans une paix traitée de guerre, dans une guerre traitée de paix. C'est maintenant le contrat social.

Ce contrat est un pacte d'action, de créances : l'obligation est naturelle, c'est-à-dire continue la créance, ou pénale, fruit du désordre, contraction de l'ordre, affaire d'Etat.

Maintenant l'ordre pensé, dépensé, compté, décompté, action passionnée, est le rythme de l'atelier, une cadence villageoise et des fleurs à la fiancée, le mouvement sans pesanteur de ce peuple qui est tout âme, quotidien, journalier, divin.

Ce pacte est entre assistants, entre les parties actives, les membres de la communauté : il n'intéresse pas, exclut ceux qui connaissent créance sans dette, profit sans peine, les contre-parties.

§ VII

Je reviens à mon point de départ. Ce paysan cultive, il possède : non, il ne possède pas, un autre a titre contre lui.

Chassons le jugement : ce paysan cultive, il cultive.

Mais ne refaisons pas le procès de l'humanité, sa marche plaintive. L'étoile est le droit naturel, réel, exercé, pratiqué. Ce droit est vieux comme le monde, ce sont les travaux et les jours, les métiers et les foyers, l'action et puis le repos.

Consultons le verbe, plein de pratique, d'expérience, de sens. Il est formé de la conscience, notre nature, notre absolu.

IX

La Mesure

LA MESURE

Je conclus :

La transmission entre vifs ou après décès est une inscription dans le patrimoine du successeur, dans son compte de créances et de dettes.

Les droits sont les croyances mesurées (en justice tout se chiffre), ou créances, que l'Etat protège. Ils sont les croyances, dans la raison, le quantitatif, selon l'esprit de mesure, de qualité

Toute question litigieuse est : sur quoi puis-je compter ? (foi due au titre, au droit, à la loi) ou, corrélativement, dans quelle mesure suis-je obligé ?

La propriété est le droit réel essentiel, la créance réalisée, la personne qui possède.

Les droits sont l'aspect successif de la personne, qui est le crédit (ou autorité, ou pouvoir) de chacun sur soi et les autres, l'aptitude à dire et à appliquer la loi, la liberté.

La personne morale est l'être de raison, de compte, le crédit au nom d'une idée (lucrative, humaine) ou collectivité (société, association, fondation, nation).

L'obligation forcée est la procédure qui suit la

violation de la créance, ou diminution de la personne, ou atteinte à l'autorité.

L'obligation naturelle est la continuation de la créance.

L'Etat est la procédure du droit (créance, crédit, autorité, liberté). Toute pratique qui inspire, précise, garantit la créance (1), est un phénomène d'Etat (procédure constitutionnelle, électorale, législative, administrative, judiciaire, contractuelle, etc...), toute procédure de paix, tout acte de guerre.

Le contrat est l'acte de créance : dans l'usine la machine tourne, la commande s'exécute, la clientèle sera servie, le fabricant sera payé, et ainsi de suite ; à mesure que le globe est rendu praticable par l'idée, qu'il a ses routes, connaît sa substance, ses lois, ses directions, ses formes, et que l'on peut juger, comparer, apprécier, prévoir, garantir, assurer, le contrat gagne, il est l'énergie qui se reflète en crédit.

Le capital est le monde des créances actives qui cherche sa mesure, il est une comptabilité de la personne et de l'argent (argent des clients, locataires, commanditaires, etc...).

(1) Le phénomène du change est un aspect de la territorialité des lois (notamment des lois monétaires) intéressant le crédit public. (*Les droits sont des croyances*, Revue trim. de Dr. civ. janvier 1924)

Etre capitaliste, c'est compter.

Le syndicat, la coopérative sont la profession, la clientèle, dans la mesure où elles se définissent, où elles sont des êtres comptables.

Sous l'aspect du capital, l'Etat arbitre, dans les nations et entre les nations, non sur des possessions bornées, transmises, mais sur des situations comptables, révisables.

Le socialisme est la lutte sociale pour le droit, la politique imposée par le capital pour que, dans le contrat, on ne compte pas que d'un côté. Il lui faut un langage, juridique, direct, dépouillé, pauvre, exact.

Le souci de voir plus clair dans nos pratiques et nos doctrines a rapproché très jeunes plusieurs sociologues de ma génération des pratiques et des doctrines du syndicalisme et du socialisme.

TABLE DES MATIÈRES

SAINT-AMAND (CHER). — IMP. R. BUSSIÈRE

COLLECTION INTERNATIONALE DES JURISTES POPULAIRES
publiée sous la direction de E. LAMBERT

I. — JACKSON H. RALSTON. *Le droit international de la démocratie.* Traduit de l'anglais par Henri Marquis, 1923 Un volume in-16 . . . . 6 fr. »

II. — GEORGES CORNIL. *Le droit privé. Essai de sociologie juridique simplifiée,* 1924. Un volume in-16. . . . . 6 fr. »

III. — EMMANUEL LÉVY. *La vision socialiste du droit,* 1926, Un volume in-16 . . . . 6 fr. »

BIBLIOTHÈQUE DE L'INSTITUT DE DROIT COMPARÉ DE LYON
Études et Documents
publiés sous la direction de E. LAMBERT, professeur de Droit comparé

ETIENNE ANTONELLI	MAURICE PICARD
Professeur d'économie politique	Professeur de droit civil
PIERRE GARRAUD	JULES PATOUILLET
Professeur de droit criminel	Professeur de langue et littérature russe

Directeurs des salles de travail de l'Institut

TOME 1. — G. MADIER. *L'association du barreau américain,* 1922. Un volume in-8 . . . . 7 fr. 50

TOME 2 — M. MAYNARD. *Les jugements déclaratoires,* 1922, Un vol. in-8 7 fr. 50

TOME 3. — FOUILLAND. *Le boycottage, les listes noires et les autres instruments de contrainte syndicale devant la loi anglaise. Allen v. Flood,* 1922. Un volume in-8 . . . . 15 fr. »

TOME 4 — R. HOFFHERR. *Le boycottage devant les cours anglaises (1901-1923),* 1923. Un volume in-8 . . . . 10 fr »

TOME 5. — A. VABRE. *Le droit international du travail,* 1923. Un volume in-8 . . . . 15 fr. »

TOME 6. — LAMBERT et BROWN. *La lutte judiciaire du travail et du capital organisés aux États-Unis,* 1924 Un. volume in-8 . . . . . . 25 fr. »

TOME 7 — P. GARRAUD. *Les avant-projets polonais de 1922 sur la partie générale d'un code pénal,* 1924. Un volume in-8 . . . . . . 7 fr. 50

TOME 8. — EL ARABI. *La conscription des neutres dans les luttes de la concurrence économique. Les coalitions du journalisme et la liberté de la presse. Sorrel v. Smith,* 1924 Un volume in-8 . . . . 30 fr. »

TOME 9. — *Les Codes de la République russe des Soviets Première partie. Code de la famille,* traduit par Jules Patouillet. *Code civil,* traduit par Jules Patouillet et A. Dufour 1925. Un volume in-8 . . . . 15 fr. »

TOME 10. — AL -SANHOURY. *Les restrictions contractuelles à la liberté individuelle de travail dans la jurisprudence anglaise,* 1925. Un vol. in-8 30 fr. »

TOME 11. — JAMES WOO. *Le problème constitutionnel chinois,* 1925 Un volume in-8. . . . . 15 fr. »

TOME 12. — FAVRE-GILLY. *La politique des prix fixes* 1925. Un volume in-8. . . . . 18 fr. »

TOME 13 — MAX J WASSERMANN *La Federal Trade Commission,* 1925. Un volume in-8 . . . . 50 fr. »

TOME 14. — *Les Codes de la République russe des Soviets,* Tome 2, *Code du travail, code agraire, code minier, etc.,* traduits par Jules Patouillet. Un volume in-8 . . . . 20 fr. »

TOME 15 — STEFAN YANEF *La constitution de l'union des républiques socialistes soviétiques,* traduite sous la direction de M. Patouillet, suivie d'un commentaire de l'auteur, et accompagnée d'une préface de E. Lambert sur *Le Pacte de la Société des Nations Soviétiques et le Pacte de la Société des Nations de Genève.* Un volume in-8. . . . . (Sous presse)

Saint-Amand (Cher). — Imprimerie R. BUSSIÈRE.

Reliure serrée